FACULTÉ DE DROIT DE PARIS

DU

SÉNATUS-CONSULTE VELLÉIEN

EN DROIT ROMAIN

DE L'INCAPACITÉ

DE LA

FEMME MARIÉE

EN DROIT FRANÇAIS

THÈSE POUR LE DOCTORAT

Par G. GODE

Substitut du Procureur de la République
a Montdidier

MONTDIDIER
IMPRIMERIE HOURDEQUIN-LEFÈVRE

1882

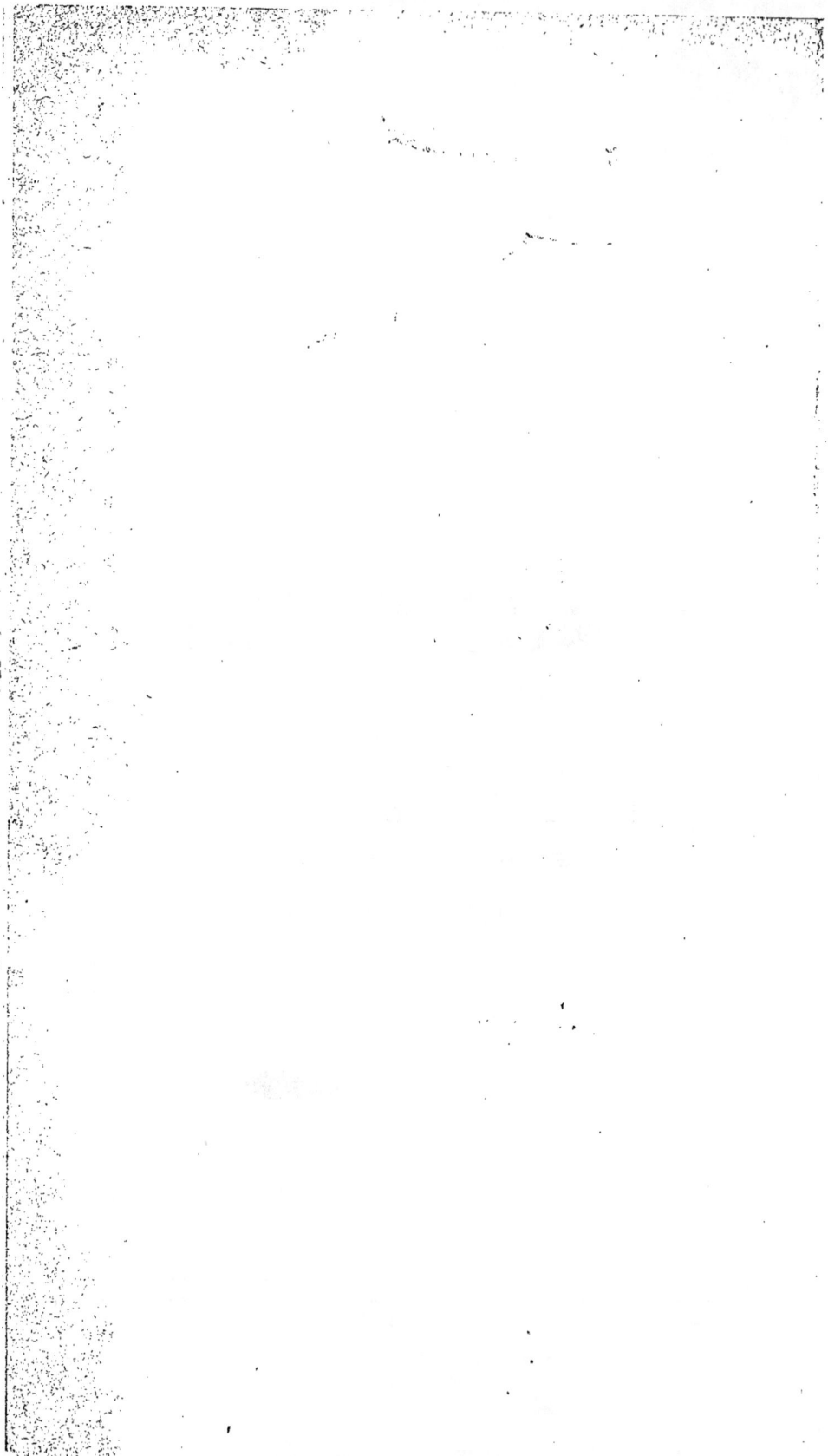

DU

SÉNATUS-CONSULTE VELLÉIEN

EN DROIT ROMAIN

DE L'INCAPACITÉ

DE LA

FEMME MARIÉE

EN DROIT FRANÇAIS

THÈSE POUR LE DOCTORAT
Par G. GODE

Substitut du Procureur de la République
a Montdidier

Né à Compiègne (Oise)

*L'acte public sur les matières ci-après sera soutenu
le Jeudi 9 Mars 1882, à une heure et demie.*

Président : M. GARSONNET.

SUFFRAGANTS :
MM. DUVERGER,
RENAULT, } Professeurs.

LEFEBVRE,
ESMEIN, } Agrégés.

*Le candidat répondra en outre aux questions qui lui seront faites
sur les autres matières de l'enseignement.*

MONTDIDIER

IMPRIMERIE HOURDEQUIN-LEFÈVRE

1882

A mon Père, — A ma Mère,

A M. Alexandre SOREL, Président du Tribunal civil de Compiègne,

A mes Collègues du Tribunal de Montdidier.

DROIT ROMAIN

DU SÉNATUS-CONSULTE VELLÉIEN

Le sénatus-consulte Velléien est l'un des monuments législatifs les plus considérables du droit romain autant par son caractère propre que par les traces qu'il a laissées dans notre législation même et dans celles des autres peuples de l'Europe moderne.

Mais il convient nécessairement, avant d'aborder l'étude de ce sénatus-consulte, de faire connaître la condition de la femme dans les états antérieurs et successifs du droit romain et de montrer à quelles considérations les législateurs du temps ont obéi en imposant à sa capacité des restrictions nombreuses et diverses.

PREMIÈRE PARTIE

DE LA CONDITION DE LA FEMME ANTÉRIEUREMENT AU
SÉNATUS-CONSULTE VELLÉIEN

Dans l'ancien droit, la femme n'avait aucune personnalité juridique propre, si ce n'est celle de figurer dans un contrat.

D'abord sous la puissance de son père, elle n'en sortait que pour tomber *in manû mariti*. Si, dégagée de la puissance paternelle, elle restait célibataire ou se mariait sans tomber sous la *manus* de son mari, pubère ou non, la femme recevait un tuteur et restait toute sa vie soumise à son autorité ; à la différence des enfants mâles *sui juris* qui devenaient dès l'âge de 14 ans capables de faire les actes de la vie civile. Quand le mariage affranchissait la femme de la puissance du *paterfamilias* ou de l'autorité de ses tuteurs par la *manus*, elle se trouvait placée sous la puissance de son mari ou de l'ascendant de son mari, si celui-ci était *alieni juris*.

Jamais à aucune époque de sa vie, et quels que fussent son âge et sa condition, la femme romaine n'était pleinement indépendante, c'est-à-dire libre de sa personne et de ses biens.

A Rome, la Coutume et la Loi avaient imprimé à la famille une organisation artificielle, combinée en vue du maintien de l'ordre social et politique correspondant. La famille, par sa constitution aristocratique et religieuse, offrait une image abrégée de la cité. Le *paterfamilias* résumait en lui les fonctions de magistrat suprême, de prêtre et d'administrateur. A ces différents titres, l'autorité dont il était investi sur ses enfants, quels que fussent leur sexe et leur âge, était omnipotente. Mais de même que la fille, la femme mariée, quand elle est *in manù mariti*, a la qualité de *libera persona*. Elle n'est pas esclave et il n'est pas vrai de dire que le *paterfamilias* a sur elle une propriété absolue. Toutefois ses droits sont exorbitants par leur nature et par l'énergie de leur sanction. Encore qu'elle ne soit pas esclave dans la famille et que la législation ne paraisse guère avoir consacré la dignité que les mœurs lui reconnaissent, la femme n'en était pas moins la chose du *paterfamilias* en droit tout au moins.

En disant que le *paterfamilias* était quasi-propriétaire de la femme, nous pensons donner la vraie formule de sa puissance.

Le mari, en vertu de la magistrature suprême qu'il exerce dans la famille, a sur sa femme comme sur ses enfants, droit de vie et de mort, et l'on peut dire que ce pouvoir n'a d'autres limites que l'opinion publique se manifestant par le blâme du censeur quand il méprise la sentence du tribunal domestique institué pour tempérer les rigueurs de l'exercice d'un tel pouvoir, et même par une accusation criminelle portée devant le peuple.

En second lieu, le mari peut vendre sa femme comme faisant partie de son patrimoine. La femme étant *locofiliæ* dans la famille de son mari; y a la situation des filles, lesquelles pouvaient être vendues par le *paterfamilias* au moyen d'une seule mancipation.

Gaïus nous en apporte la preuve dans ses commentaires. (I § 117 et 118).

« Omnes igitur liberorum personæ, sive masculini, » sive feminini sexùs, qui in potestate parentis sunt, » mancipari ab hoc eodem modo possunt quo etiam » servi mancipari possunt. Idem juris est in earum » personis quæ in manû sunt; nam feminæ a coemptio- » naribus eodem modo possunt mancipari quo liberi » a parente mancipantur. »

Quoi de plus formel et de moins contradictoire, bien qu'il n'existe dans la législation romaine aucune trace de l'application de ce texte, au dire de Gaïus lui-même.

« Plerumque solum et a parentibus et a coemptio- » natoribus mancipantur, cum velint parentes coemp- » tionatoresque a suo jure eas personas dimittere. »

Le mari peut également faire l'abandon noxal de sa femme, coupable d'un délit.

Dans l'ancien droit romain et comme conséquence du *dominium ex jure quiritium* du *paterfamilias* sur toute sa famille, celui-ci avait le droit de revendication de ses enfants et conséquemment de sa femme, cette dernière étant *loco filiæ* dans sa famille. Quand le *dominium* disparut avec ses conséquences rigoureuses, le droit de revendication disparut également. Le droit du *paterfamilias* ne fut cependant pas paralysé dans ses effets. Il lui restait deux moyens : outre l'action *furti,* il pouvait se faire délivrer par le préteur un interdit exhibitoire.

En quatrième lieu le mari a l'action d'injures contre la personne qui a offensé sa femme: « Pati autem in- juriam vi demur..... et per uxores nostras quæ in manû nostrâ sunt. » (Gaïus. Com. III § 221).

Enfin l'autorité du mari est en quelque sorte posthume, en ce sens qu'il règle par testament la tutelle de sa femme survivante.

Telle est l'étendue du pouvoir du mari sur la personne de sa femme tombée *in manù mariti*.

Quant aux biens de la femme, la *manus* produit les mêmes effets que l'adrogation entre le fils de famille et l'adoptant. Ils passaient tous dans le patrimoine du mari, à l'exception toutefois des droits purement personnels et non susceptibles par leur nature même d'être détachés de la personne qui en bénéficie, comme l'usufruit, l'usage et les droits résultant des *judicia legitima*. Ce pouvoir sur les biens est la conséquence du pouvoir sur la personne, dans la conception romaine.

La *manus* ayant pour effet de confondre le patrimoine de la femme avec celui du mari, on a pu dire qu'à ce point de vue il y avait là un régime de biens semblable à notre communauté universelle. Cicéron a même dit que par l'effet de la *manus* tous les biens de la femme devenaient dotaux. Mais, remarquons-le bien, l'assimilation n'est qu'apparente et la *manus* est tout-à-fait distincte du régime dotal romain ainsi que du régime de la communauté moderne. Il est même exact de dire qu'elle ne constitue en quoi que ce soit un régime matrimonial bien qu'elle se produise à l'occasion du mariage.

En effet le principe qui domine notre communauté, c'est l'égalité des deux époux dans le mariage, principe de source chrétienne et dérivant d'une transformation de la puissance maritale qui, sous l'influence du christianisme, d'absolue qu'elle était, devient un pouvoir de protection vis-à-vis de la femme. Tandis

qu'à Rome la femme *in manü* était *alieni juris*, c'est-
à-dire incapable d'avoir des droits propres, sa personnalité juridique disparaissant derrière celle du mari.
Elle acquérait non pour elle, mais pour le mari; et si,
au jour de son mariage, elle avait des droits, ils
s'absorbaient dans le patrimoine du mari. Nous prenons bien soin de ne pas dire dans le patrimoine
commun, car à la dissolution du mariage il n'y avait
pas de liquidation des droits de la femme et de ceux du
mari comme chez nous.

Quel était le sort des dettes contractées par la femme
in manû mariti?

Comme conséquence de la *capitis deminutio* qu'opé-
rait la *manus*, les dettes de la femme, à l'exception de
celles qui prenaient leur cause dans ses délits, s'étei-
gnaient avec son ancienne personnalité juridique.
D'après le droit civil pur, elle en était complètement
libérée et le mari n'en était pas tenu. Le préteur vint,
il est vrai, au secours des créanciers de la femme en
leur accordant l'action attachée à la dette éteinte, à
titre d'action utile. Cette action était dirigée contre la
femme elle-même.

La fusion complète du patrimoine et de la personnalité juridique de la femme dans le patrimoine et la
personnalité civile du mari avait pour résultat d'empêcher la naissance de toute obligation entre les époux,
pendant la durée de la *manus*. Du moins de telles
obligations n'avaient aucune existence civile. Toutefois
elles étaient susceptibles de créer entre eux des obligations naturelles pouvant servir de base à une
fidéjussion ou à un pacte de constitut.

Les rigueurs du droit civil allaient plus loin et
considéraient comme nul tout lien de droit entre les

époux, créé en dehors d'eux-mêmes et à leur insu. Ainsi était nul *jure civili* le legs fait à une femme marié *in manû* dont le mari était institué héritier, parce que la situation de la femme par rapport à son mari interdisait toute obligation de celui-ci vis-à-vis d'elle ; et le changement de la *manus* avant la mort du testateur (à moins que ce changement de condition n'eût été prévu et mis *in conditione*), n'aurait pas couvert cette nullité, en vertu du principe proclamé dans la règle Catonienne.

Ce qui prouve bien que la femme *in manù* n'avait pas dans la famille la situation d'une esclave, c'est qu'elle y acquérait des droits de succession. Considérée comme *loco filiæ*, elle succédait à son mari ou à l'aïeul de son mari, à titre d'héritière sienne et nécessaire, à ses enfants *in potestate* à titre de sœur. De plus dans la succession testamentaire elle devait être instituée ou exhérédée par le testateur, comme les autres enfants du mari, et le défaut d'exhérédation produisait les mêmes effets que s'il s'était agi des enfants du mari. Elle avait en outre, le secours de la *querela inofficiosi testamenti* pour attaquer le testament d'où elle avait été exclue ; et cette action en nullité ne pouvait être déclarée irrecevable que si le testateur lui avait accordé à elle comme à ses enfants en puissance, le quart de la portion légitime accordée par la loi à l'héritier.

Maintenant que nous connaissons la condition juridique de la femme mariée *in manù mariti*, il nous reste à dire comment le mari acquérait la *manus*.

Il convient d'abord de remarquer que si la *manus* ne pouvait exister sans le mariage, elle n'en était pas cependant la conséquence nécessaire. Le mariage où des auteurs ont vainement prétendu trouver un élément réel et la nécessité d'une tradition, était parfait, sans solennités d'aucune sorte, quand le consentement des futurs époux avait été échangé et que la femme avait été mise à la disposition du mari. Quant à la *manus*, elle était produite par *l'usus*, par la *coemptio*, ou par la *confarreatio*.

1° Par l'*usus*. A Rome la possession faisait acquérir les choses dont on n'était pas propriétaire ou complétait une propriété imparfaite.

Bien que la femme ne fût pas considérée comme une chose, comme un objet de possession, cependant la cohabitation du mari avec la femme pendant un an lui faisait acquérir sur elle la *manus*, de même que le possesseur d'un objet mobilier en devenait propriétaire après le même laps de temps.

La cohabitation devait être continue et exempte de violence. La femme pouvait empêcher la réalisation de la *manus* en rompant cette cohabitation et en abandonnant pendant trois nuits consécutives le domicile conjugal. Le mari qui usait de violence pour enlever à sa femme la faculté du *trinoctuum* n'acquérait pas la *manus*.

L'acquisition de la *manus* par la cohabitation annale avait disparu au temps de Gaïus.

2° Par la *coemptio*. En achetant sa femme au moment du mariage par une mancipation, le mari acquérait sur elle la *manus*.

Cette mancipation, qui n'était autre chose qu'une vente solennelle, ne faisait pas tomber la femme en esclavage. Gaïus nous donne le motif de la différence qui sépare la mancipation ordinaire de la *coemptio*. Tandis que le fils et la fille de famille sont mancipés avec les mêmes paroles que les esclaves, il en était autrement dans la *coemptio*. Quant aux paroles employées, on ne les connaît pas. Mais à raison de ce que la *coemptio* produisait des effets moins rigoureux; elles devaient nécessairement avoir un caractère moins absolu que celle des mancipations d'esclaves, et dériver de cette situation particulière, que la femme était à la fois venderesse et objet de la vente quand elle était *sui juris* au moment du mariage. Voilà tout ce qu'il est permis de conjecturer à ce sujet.

3° Par la *confarreatio*. C'est de tous les modes d'acquérir la *manus* le plus solennel et le plus religieux, et ajoutons, celui qui était en honneur dans les familles patriciennes.

M. Fustel de Coulanges dans son intéressant travail intitulé « *la cité antique* » en donne une description aussi complète que possible.

Cette cérémonie avait lieu en présence de dix témoins, citoyens romains et pubères. Elle consistait dans sa partie essentielle, dans un repas, précédé de sacrifices et de libations, accompagné de prières. L'époux, après avoir conduit sa fiancée dans sa propre demeure, partageait avec elle un gâteau de fleur de farine « panis farreus », d'où vient le nom donné à cette cérémonie. Ce repas fait en commun associait les époux dans le même culte, celui du mari. La femme, en abandonnant le foyer paternel et en franchissant le seuil nuptial, abandonnait en même temps la religion de ses ancêtres et reconnaissait les mêmes prières, les mêmes devoirs cultuels que son mari.

Cette cérémonie terminée, la femme tombait corps et biens sous la puissance de son mari.

La *confarreatio* était encore pratiquée au temps de Gaïus. Elle ne dut disparaître complètement de la législation Romaine que sous l'influence du christianisme.

Dans son remarquable ouvrage sur la condition privée de la femme, M. Gide, appréciant le caractère et l'objet de la *manus*, la considère comme une sorte de régime matrimonial n'intéressant que les biens de la femme, mais ne conférant par elle-même aucun droit sur sa personne.

A la différence de la *potestas dominica* qui a pour objet la personne même de l'enfant ou de l'esclave, la *manus*, selon lui, ne placerait la femme sous la dépendance du mari que par rapport à ses biens. Quant aux droits que ce dernier a sur la personne de sa femme, il les tiendrait du mariage.

M. Gide appuie cette théorie nouvelle sur le texte suivant de Gaïus ; « Non solum proprietas per eas quas « in potestate habemus adquiritur nobis, sed etiam « possessio. Per eas verô persouas quas in manû man- « cipiove habemus proprietas quidem adquiritur nobis « ex omnibus causis sicut per eos qui in potestate « nostra sunt, an autem possessio adquiritur quæri « solet, quia ipsas non possidemus ».

Par une argumentation hardie mais spécieuse, M. Gide conclut de ce texte que le mari, n'acquérant pas la possession par sa femme tombée *in manu*, la *manus* porte seulement sur ses biens et non sur sa personne.

Ce raisonnement nous semble pêcher par la base, en ce sens qu'il suppose qu'il est nécessaire de posséder une personne pour acquérir par elle la possession. En effet, bien que le fils de famille ne soit pas un objet de possession, il est incontestable qu'il acquiert la possession au *paterfamilias*. Or, il est non moins incontestable que la femme *in manû* occupe, dans la famille du mari une condition analogue à celle du fils de famille. En somme, la personnalité juridique des personnes libres soumises à la puissance dominicale, paternelle ou maritale est moins effacée qu'absorbée dans une personnalité nouvelle et supérieure. Ces personnes existent encore, même juridiquement, mais les droits personnels ou réels qu'elles acquèrent, réalisent leurs effets sur la tête de la personne civile et unique dont elles sont comme les membres et les représentants.

Si donc les personnes libres *alieni juris* acquièrent la possession pour le *dominus*, le *paterfamilias* ou le mari, c'est en vertu d'un tout autre principe que celui applicable aux enclaves dont leur condition diffère essentiellement.

Gaïus partait donc d'un point de vue erroné en se demandant si les personnes *in mancipio* ou *in manû* possédaient pour le *dominus* ou le *paterfamilias* et en proposant la négative par le motif qu'elles n'étaient pas possédées. Il est permis de douter que cette solution qu'il avoue lui-même être controversée, *quæri solet*, fût celle de la majorité des jurisconsultes.

En second lieu, si ce système était admis, comment expliquer que la femme *in potestate patriâ* qui tombe *in manum* avec l'autorisation du *paterfamilias* échappe à la puissance paternelle? Il faudrait donc admettre que la *manus* n'est autre chose qu'un mode d'émancipation non classé dans les monuments du droit! La femme *in manû* n'est-elle pas *loco filiæ* dans la famille de son mari ? Comment comprendre dès lors que le mari n'est pas investi vis-à-vis d'elle des mêmes droits qu'un *paterfamilias* sur sa fille ?

Ce qui nous décide d'ailleurs entièrement, c'est cette considération que par la *manus*, la femme en passant de sa propre famille dans celle du mari, subissait une *capitis deminutio* semblable à celle que produisait l'adoption, quoiqu'en dise M. de Savigny. Cette transformation radicale de la condition de la femme par la *manus* devait donc nécessairement produire les mêmes effets que l'adoption ou l'adrogation, lesquelles attribuaient à l'adoptant des droits sur la personne aussi bien que sur le patrimoine de la personne adoptée.

Enfin, si la *manus* n'avait d'autre caractère et d'autre portée que celle d'un régime matrimonial exclusif de tout droit sur la personne de la femme, on ne s'explique guère l'utilité de la *coemptio*, de *l'usus* et de la *confarreatio*. *Sui juris*, la femme peut valablement manciper ses biens à son mari. En puissance de son père, celui-ci peut faire la mancipation de sa dot. L'existence seule de ces trois modes d'acquérir la *manus* en justifie la nécessité et la portée. Leur office normal était de créer au profit du mari, des droits sur la personne comme sur les biens de la femme.

Au surplus, s'il est un principe essentiellement romain et conforme à l'organisation sociale et politique de l'ancienne Rome, c'est que la puissance sur le patrimoine découle de la puissance sur la personne. Il y a entre ces deux idées, être *sui juris*, maître de soi, et avoir l'aptitude du droit de propriété, une telle cohésion, untel caractère d'indivisibilité, que là où se rencontre un de ces éléments de la personnalité civile, on peut être assuré de trouver l'autre et que la disparition de l'un entraine nécessairement l'extinction de l'autre.

En résumé, le mariage sans *manus* ne portait aucune atteinte à la puissance paternelle. Par le mariage avec *manus* au contraire, la femme s'affranchissait de cette puissance qui passait au mari avec toutes ses conséquences rigoureuses, droit sur la personne et droit sur les biens.

La *manus* prenait fin avec la dissolution du mariage par la mort de l'un des époux ou par le divorce. Pas n'est besoin d'ajouter que dans ce dernier cas un mode civil analogue, mais en sens inverse, devait détruire les droits du mari sur sa femme.

La *capitis deminutio* de l'un des époux faisait également cesser la *manus*. Mais si la femme devenait *sui juris*, le lien d'agnation avec ses enfants n'était pas rompu. Par rapport à eux, elle conservait le titre de sœur

Aux premiers temps de Rome, le père pouvait, au moyen d'une mancipation, rompre le lien d'agnation que la *manus* avait créé entre son fils et sa belle-fille. Numa Pompilius abolit cette exorbitante prérogative (Plutarque, *Numa* c. 17).

La *manus* disparut quand le divorce devint plus fréquent. La femme exposée à être répudiée à chaque instant, même sans motif, avait un grand intérêt à ne pas se soumettre ou à se soustraire à la *manus*. Elle pouvait s'affranchir non pas directement, mais en signifiant le *repudium* au mari et en le mettant ainsi en demeure de dissoudre le lien de puissance par un affranchissement régulier ou une *diffareatio*.

En outre la *manus* perdit son utilité, quand des sénatus consultes ayant créé un droit de succession entre la mère et ses enfants, le lien artificiel de l'agnation qui faisait d'elle leur sœur fictive n'avait plus lieu d'être invoqué pour corriger l'iniquité de la législation antique.

D'un autre côté la constitution de la dot et la garantie de sa conservation contribuèrent puissamment à discréditer la *manus* dont l'un des effets, l'absorption des biens de la femme dans le patrimoine du mari, était contradictoire avec l'inaliénabilité de la dot.

Telle était la condition de la femme au temps des premiers empereurs. Ajoutons que le temps, en apportant des tempéraments successifs à l'organisation des tutelles perpétuelles avait progressivement énervé l'énergie de cette institution au point que la femme était devenue libre de faire elle-même le choix de son tuteur.

Mais à cette législation amenée par le relâchement des mœurs succéda bientôt une législation nouvelle qu'on fit reposer sur des considérations d'intérêt public bien plus que sur le respect du mariage et de la famille.

Après les lois Oppia et Voconia dont les prohibitions furent éludées, vinrent les lois Julia et Papia Poppœa dont l'inefficacité atteste le degré de décadence où était tombée la société romaine.

C'est alors qu'intervint sous le règne de Claude et le consulat de Marcus Silanus et de Velléius Tutor un sénatus-consulte fameux qui frappa la femme de l'incapacité d'intercéder.

DEUXIÈME PARTIE

DU SÉNATUS-CONSULTE VELLÉIEN

« Quod Marcus Silanus et Velleianus Tutor consules,
« verba fecerunt de obligationibus femirarum, quœ pro
« aliis reœ fiierent, quid de eâ re fieri oportet, de eâ
« re ita consuluerunt.

« Quod ad fidejussiones et mutui dationes pro aliis
« quibus intercesserint feminœ, pertinet, tametsi
« ante videtur ita jus dictum esse, ne eo nomine ab his
« petitio fiat, neve in eas actio detur, cum eas virilibus
« officiis fungi et ejus generis obligationibus obstringi
« non sitœ quam arbitrari senatum recteque atque or-
« dine facturos ad quosde eâ re in jure aditum erit, si
« dederiut operam ut in câ re senatus volontas ser-
« vatur. »

A quel motif a obéi le législateur en restreignant la
capacité de la femme? Est-ce dans un intérêt de protection à l'égard de la femme, à raison de son incapacité native et de son inexpérience des affaires ? Ou est-
ce dans le but de restreindre son activité aux affaires
domestiques, dans un intérêt de morale et de décence
publique?

Avant d'élucider ce point, il convient de bien fixer
l'état de la société romaine au temps du Sénatus-consulte Velléien.

Par le concours des diverses circonstances que nous
avons énumérées tout à l'heure, par la désuétude de
la *manus*, par la constitution de la dot dont l'inaliéna-

bilité jointe à la faculté de divorcer mettait entièrement le mari à la discrétion de la femme, celle-ci avait conquis une indépendance juridique dont les législateurs s'émurent et qu'ils s'efforcèrent de combattre par les lois somptuaires d'abord, et ensuite par les lois Julia et Papia Poppœa.

Le but manifeste de leur tentative était d'exclure la femme de tout office public ou viril et de limiter son activité à la direction des affaires domestiques. C'est assurément sous l'empire de ces préoccupations que fut promulgué le Sénatus-consulte Velléien, qui frappa la femme de l'incapacité d'intercéder pour autrui.

Il serait inexact de considérer le Sénatus consulte Velléien comme une innovation. Il n'est que le produit et la systématisation d'une jurisprudence antérieure ; « ante videtur ita jus dictum esse. »

C'est à ce système que nous nous rattachons en nous inspirant de l'esprit et de la lettre du Sénatus consulte lui-même qui appuie sur des motifs de convenance l'incapacité dont il frappe la femme « eas vi- « rilibus officiis fungi et ejus generis obligationibus « adstringi non œqum est ». La femme est incapable d'intercéder pour autrui, non à raison de son inexpérience et de sa faiblesse, mais par cela seul qu'il répugne à sa fonction dans la famille et dans la société, de remplir des charges civiles.

Tel est le véritable motif du Sénatus consulte Velléien.

Recherchons maintenant les cas dans lesquels ce Sénatus-consulte est applicable, ses effets au point de vue civil, et les innovations que Justinien a apportées à cette institution.

CHAPITRE Ier

DANS QUEL CAS LE SÉNATUS-CONSULTE VELLÉIEN EST-IL APPLICABLE ?

Le principe juridique formulé par le sénatus-consulte Velléien est la défense faite aux femmes d'intercéder pour autrui.

Cette défense est absolue, et d'après le texte du sénatus-consulte lui-même « quod ad fidejussiones et mutui dationes pertinct » et d'après le texte interprétatif d'un rescrit d'Alexandre. « Velleiano senatus-consulto *plenissimė* comprehensum est ne pro ullo feminœ intercederent. » Il s'app'ique donc aussi bien dans le cas où la femme a pris à sa charge tout ou partie de l'obligation contractée par un tiers que dans le cas où elle s'est constituée *ab initio* débitrice au lieu et place d'un tiers.

Il ne faudrait pas toutefois prendre à la lettre l'expression trop absolue de la L. 2. D. 50. 17. « nec possunt pro alio intervenire ». *Intervenire* indique en effet, dans un sens très-général, toute intervention dans un acte juridique, qu'elle ait lieu au profit d'un tiers, ou dans l'unique intérêt de l'intervenant. Or de ces deux interventions, la première seule constitue une *intercessio* et donne lieu aux prohibitions du sénatus-consulte Velléien.

2

SECTION I

Cas où la femme s'engage seule ou concurremment avec un tiers pour garantir une dette préexistante.

Cette intercession comporte différents modes qui sont :

1° L'adpromissio. — L'*adpromissio* était dans un sens général, toute obligation contractée *verbis* accessoirement à une obligation principale. Suivant la nature des *verba*, cette promesse accessoire prenait les noms de *sponsio*, *fidepromissio*, ou *fidejussio*. Chronologiquement la *fidejussio* remplaça la *sponsio* et la *fidepromissio*, formes primitives de la *stipulatio*, et d'une application plus sévère et plus restreinte que la *fidejussio*. Avant donc que la stipulation prit la forme définitive de la *fidejussio*, la *sponsio* et la *fidejussio* constituaient également des intercessions prohibées par le sénatus-consulte Velléien.

2° L'expromissio. — L'*expromissio* était une stipulation par laquelle un tiers s'engageait envers le créancier au lieu et place du débiteur qui disparaissait juridiquement. Par son intercession, l'*expromissio* éteignait la première dette et la remplaçait par celle que créait l'*expromissio*.

Ce mode d'intercession constituait donc une véritable novation. Pratiquée par une femme, l'*expromissio* était nulle en vertu du sénatus-consulte Velléien.

3° La délégatio. — Quand l'intercession a lieu par voie d'*expromissio*, le consentement du débiteur originaire n'est pas nécessaire, seul le consentement du créancier est exigé. Mais si le débiteur nouveau intervient au contrat originaire sur l'ordre du débiteur primitivement obligé, l'expromission constitue alors une délégation.

L'intercession par voie de délégation tombe-t-elle sous l'application du sénatus consulte Velléien ?

Il y a à distinguer suivant que la femme est déléguée ou délégante ?

Est-elle déléguée ? Son intercession ne tombe pas sous l'application du sénatus-consulte, parce qu'en s'obligeant à l'égard du créancier de son propre créancier, elle éteint une dette personnelle. Titius, par exemple doit dix sous d'or à Sempronius. Il lui délègue Séia qui lui doit la même somme. Il n'y a pas là d'intercession prohibée, puisqu'en devenant débitrice de Sempronius, Séia cesse d'être débitrice de Titius.

Mais il en serait autrement, si le délégant, Titius dans l'espèce, était devenu son créancier, en vertu d'une obligation contractée contrairement aux dispositions prohibitives du sénatus-consulte Velléien. Dans ce cas l'opération serait nulle. Mais quel moyen de droit serait offert à la femme pour faire valoir la nullité ? Paul l'admet à invoquer l'exception contre le délégataire Sempronius, comme ayant fait une nouvelle intercession, mais Marcellus, considérant que la délégation équivant à un paiement, lui donne avec plus de logique une *condictio* contre Titius.

Si la femme a payé par erreur, elle a contre le délégataire, la *condictio indebiti*, mais elle peut se retourner contre le délégant par l'action *mandati* ou *negotiorum gestorum* en promettant toutefois de le garantir contre le délégataire. Si elle a payé sciemment, la *condictio indebiti* lui est refusée ; mais elle trouve alors

recours contre le débiteur principal dans l'action *mandati* ou *negotiorum gestorum*.

Est-elle délégante? Veut-elle par exemple, éteindre
la dette de Tertius envers Quartus en déléguant à ce
dernier Titius qui est son débiteur de somme égale?
Dans ce cas le sénatus-consulte n'est pas applicable.
En effet il n'y a pas là d'intercession prohibée. Par
cette délégation, il est vrai, la femme libère bien Titius sans profit pour elle, mais elle n'intervient pas
au profit de Quartius dans le sens du sénatus-consulte
Velléien. Elle est censée avoir payé la dette d'autrui;
or le sénatus-consulte ne défend pas à la femme de
payer pour autrui. Il lui interdit seulement d'*intercéder*
c'est-à-dire de s'*obliger* pour autrui.

Mais il n'en serait plus de même si la femme, sans
être créancière de Titius, lui donnait mandat de se
constituer débiteur envers Quartus au lieu et place de
Tertius. Il y aurait ici une intercession véritable que
prohibe le sénatus-consulte Velléien, puisque la femme
s'oblige par le mandat qu'elle donne à Titius.

4° La *defensio pro alio*. — Ce mode d'intercession a
lieu quand la femme se présente en justice pour
prendre la place du défendeur.

Par suite du contrat nouveau que la *litiscontestatio*
fait naître entre le défendeur et le demandeur, la nouvelle obligation prend naissance en la personne de la
femme qui libère ainsi le débiteur de toutes les conséquences du procès. C'est là encore une intercession
que l'esprit, sinon le texte du sénatus-consulte Velléien défend à la femme. En outre la femme a dû, pour
plaider, s'engager en fournissant la caution *ratam rem
dominum habiturum*; et cette *satisdatio* à elle seule
constitue une intercession prohibée.

5° Le compromis. — Le compromis devient une intercession prohibée quand la femme mandataire de Pri-
mus, par exemple soumet à un tiers le litige qui intéresse le mandant, car en pareil cas, elle prend sur elle
la responsabilité de la sentence arbitrale.

6° Le constitut pro alio et le mandatum pecuniæ
credendæ, étaient fréquemment employés à Rome
pour rendre le cautionnement civilement obligatoire.

Le constitut *pro alio* était un pacte par lequel une
personne promettait de payer la dette d'autrui. Par le
résultat, le constitut *pro alio* était une sorte de fidéjussion ; mais il en différait par la forme puisqu'il ré-
sultait d'un pacte et non d'une stipulation, et par le
fond puisque les principes étaient moins rigoureux
qu'en matière de stipulation.

Au moyen du constitut *pro alio* la femme pouvait
ainsi prendre à sa charge une obligation préexistante.
Elle violait donc le sénatus-consulte Velléien puisqu'elle intercédait pour autrui.

Le mandat conduisait au même résultat juridique et
constituait au même titre un moyen d'intercéder pro-
hibé par le sénatus-consulte Valléien.

Le *mandatum pecuniæ credendæ* était une variété
du mandat, mais il n'était pratiqué que dans l'hypothèse où une personne étrangère à une dette et voulant cautionner cette dette, donnait mandat à un tiers
de prêter au débiteur la somme nécessaire à sa libération. Soumise à l'action *mandati contraria* du mandataire pour le montant de ses déboursés, cette personne devient donc responsable vis-à-vis du créancier
mandataire des suites de l'exécution du mandat. A ce
titre et employé par une femme mariée, le *mandatum*

pecuniæ credendæ tombait sous l'application du sénatus-consulte Velléien.

La *Concession d'hypothèque*. Bien qu'en donnant sa chose en gage, ou en l'hypothéquant pour sûreté de la dette d'autrui, la femme ne soit engagée que *propter rem*, elle n'en a pas moins opéré une intercession que le sénatus-consulte condamne.

SECTION II

Cas où la femme s'engageant ab initio contracte une dette au lieu et place d'un tiers qui en profite.

Voici l'espèce que prévoit le sénatus-consulte Velléien par ces mots « quod pertinet ad mutui dationes, pro aliis quibus intercesserint feminæ. »

Titius se propose d'emprunter dix sous d'or à Sempronius. Séia intervient avant qu'aucun lien de droit ne se soit formé entre eux, et elle s'oblige envers Sempronius en lui empruntant les dix sous d'or qu'elle remet à Titius. Par cette intercession elle prend à sa charge une dette qui devait grever le patrimoine de Titius, et rendre celui-ci débiteur de Sempronius. Le sénatus-consulte Velléien prohibe cette intercession.

SECTION III

Dans lesquels cas le sénatus-consulte Velléien n'est pas applicable.

Quatre considération motivent les exceptions que nous allons parcourir. Elles reposent soit sur la cause de l'intercession, soit sur la condition du créancier, soit sur la condition du débiteur, soit enfin sur le fait personnel de la femme.

1° *Exceptions fondées sur la cause de l'intercession.*

Le sénatus-consulte Velléien n'est pas applicable 1° quand la femme intercède *pro dote*, c'est-à-dire dans le but de fournir une dot. Cette exception fut d'abord admise exclusivement au cas où elle avait dotée sa fille ; puis Justinien la généralisa et l'étendit à la dot au profit d'une femme quelconque (1. 25 C. ad. sen.-c. Vell.). Ce prince donne le motif de cette exception ; c'est pour encourager le mariage dit-il ;

2° Quand la femme s'engage en vue d'un affranchissement. Advienne l'affranchissement, et la femme ne peut plus se placer sous la protection du sénatus-consulte pour faire rescinder son engagement et cela, par application de cette maxime si humaine introduite par les prudents et les philosophes : « Libertas omnibus rebus favorabilior. » (L. 122. D. 50. 17.)

3° Quand, la femme désignant au magistrat un tuteur pour ses enfants, le magistrat confirmait cette désignation sous la responsabilité de la mère, tenue dès lors de la gestion du tuteur sans pouvoir invoquer le bénéfice du sénatus-consulte.

4° Quand elle agissait en justice pour revendiquer la liberté de ses ascendants, de ses descendants, de ses frères et sœurs. Ici encore c'est par des considérations d'humanité qu'on refuse à la femme le secour du sénatus-consulte Velléien.

2° *Exceptions fondées sur la condition du créancier.*

Le sénatus-consulte Velléien n'offre aucun recours à la femme pour faire rescinder son engagement, quand elle intercède au profit du débiteur d'un mineur de vingt-cinq ans, qui ne devient insolvable qu'après l'intercession.

Un exemple nous fera saisir le sens précis et la portée exacte de cette exception.

Je suppose que Titius doive dix sous d'or à Sempronius mineur de vingt-cinq ans et que Séia intercède pour Titius. De deux choses l'une : ou Titius reste solvable, ou il devient insolvable postérieurement à l'intercession de Séia. S'il reste solvable, son créancier peut utilement l'actionner et en obtenir paiement. Il n'a donc aucun intérêt à se retourner contre Séia ; il n'éprouve aucun préjudice. Dès lors on décide que la femme peut se prévaloir du bénéfice du sénatus-consulte.

Mais il n'en est pas de même quand le débiteur du mineur de vingt-cinq ans, solvable au moment de l'intercession, cesse de l'être après coup. Dans notre espèce, en effet, si Séia pouvait se retrancher derrière le sénatus-consulte Velléien, elle ferait perdre à Sempronius son recours utile contre Titius. Elle lui causerait donc un préjudice, puisque, sans son intercession il eût recouvré sa créance. Ici l'intérêt du mineur passe avant l'intérêt de la femme et motive l'exception à l'application du sénatus-consulte.

3° *Exeeption fondée sur la condition du débiteur.*

Elle se présente quand le père de la femme, menacé d'être poursuivi par un créancier, la femme s'est obligée pour lui.

4° *Exceptions fondées sur le fait personnel de la femme.*

Supposons que la femme, sur une interrogation du magistrat, se déclare faussement héritière ou qu'ayant connaissance d'une constitution d'hypothèque faite par son mari sur l'un de ses biens elle ne s'oppose pas à ce contrat, son intercession est valable. Dans le premier cas, le sénatus-consulte lui-même la déclare déchue du droit d'en invoquer le bénéfice « *decipientibus mulieribus senatus-consultum auxilio non est* ». C'est là l'application à un cas particulier de la maxime : « *deceptis non decipientibus opitulatur.* » Dans le second cas il y a de la part de la femme une adhésion tacite qui la rend irrecevable à se prévaloir du sénatus-consulte Velléien.

Dans tous les cas analogues et toutes les fois que l'acte ne fait pas par lui-même présumer l'intercession et que le créancier est de bonne foi on valide l'intercession (L. xi, § 12, xvi, 1. D.)

La femme pouvait-elle renoncer expressément aux dispositions du sénatus-consulte Velléien ?

Pour certains cas, spécialement prévus, il n'y a aucun doute.

Ainsi la femme renouvelait-elle au bout de deux ans une intercession au profit d'un tiers autre que son mari, pourvu qu'elle eût atteint sa majorité au moment de cette confirmation ?

Recevait-elle le prix de son intercession ?

Intercédait-elle pour un débiteur menacé de poursuites judiciaires en promettant sous caution de ne pas se prévaloir du sénatus-consulte ?

Renonçait-elle enfin au bénéfice du sénatus-consulte en vue d'obtenir la tutelle de ses descendants ?

Dans ces quatre hypothèses, la renonciation de la femme était efficace et ne paralysait nullement l'action du créancier contre elle.

Quid en dehors de ces cas ? Pouvait-elle d'une manière générale et à son gré renoncer au bénéfice du sénatus-consulte Velléien ?

Bien qu'aucun texte ne fournisse de solution décisive sur ce point, l'affirmative a été vaillamment soutenue par d'illustres jurisconsultes.

A défaut de textes précis et formels, nous préférons nous ranger avec les partisans de la négative. Car il nous semble que reconnaître d'une manière absolue ce droit de renonciation à la femme, c'est méconnaître le principe et le but du sénatus-consulte Velléien. Qu'a voulu en effet, le législateur, en édictant les dispositions prohibitives de ce sénatus-consulte ? Frapper la femme de l'incapacité d'intercéder. Ce but serait manqué s'il lui avait laissé en même temps la faculté de se soustraire arbitrairement aux prohibitions qu'il consacre. L'incapacité dont le sénatus-consulte Velléien frappe la femme est d'ordre public. Elle a été introduite dans la législation romaine plus encore dans un intérêt politique et social qu'en vue de la protection de la femme.

Au surplus, l'innovation introduite par Justinien, ne

fait-elle pas ressortir l'inconséquence de la théorie que nous répudions? Permettre à la femme de renoncer au sénatus-consulte Velléien par une confirmation postérieure de son intercession, n'est-ce pas reconnaître implicitement que sa renonciation n'est pas possible au moment de l'intercession?

La femme ne peut davantage, selon nous, avant Justinien valider par une ratification postérieure une intercession prohibée puisque ce prince plus libéral que le sénatus-consulte ne lui permet de ratifier qu'au bout de deux ans.

Précisons, en terminant ce chapitre, les conditions d'application du sénatus-consulte Velléien.

Trois questions sollicitent notre attention :

1° Quelles sont les femmes admises à invoquer le sénatus-consulte Velléien ?

2° Doit-on, pour son application, tenir compte de la qualité du débiteur qui profite de l'intercession ?

3° Doit-on enfin tenir compte de la qualité du créancier à l'égard duquel l'intercession a lieu?

1° Toute femme, pourvu qu'elle soit capable de contracter, est soumise aux prescriptions du sénatus-consulte Velléien. Le texte n'a fait aucune distinction. Cette opinion est d'ailleurs conforme au but de cette institution juridique. L'opinion des jurisconsultes la confirme également : « Feminibus omnibus subventum est, » dit Ulpien ; « sine discrimine, sine dilectû, » ajoute Cujas.

En cette matière, il n'y a pas lieu de s'occuper des femmes incapables de s'obliger, puisque leurs engagements sont frappés de nullité absolue, et que les dispositions du sénatus-consulte Velléien s'appliquent seulement aux obligations valablement formées d'après les principes généraux du droit.

2° Les termes généraux et absolus du sénatus-consulte Velléien : « Velleiano senatus-consulto plenissime comprehensum est ne *pro ullo* feminæ intercederent » indiquent assez l'étendue des prohibitions à l'encontre des débiteurs bénéficiaires de l'intercession. Ce terme *pro ullo* ne souffre aucune distinction. *Pro ullo* ne limite pas aux hommes la prohibition édictée ; il s'étend également aux femmes. En d'autres termes *pro ullo* comprend *pro ulla*.

Il n'y a d'exception à cette règle, ainsi que nous l'avons dit plus haut, que lorsque la femme agit en justice pour revendiquer la liberté de ses parents ou lorsque le préteur l'autorise à représenter en justice ses parents malades ou infirmes.

3° Enfin, il n'y a d'exception au principe de l'incapacité de la femme, tirée de la qualité du créancier que dans deux cas que nous avons déjà eu l'occasion de signaler.

1° Quand le créancier est un mineur de vingt cinq ans et que son débiteur, au profit duquel la femme a intercédé, devient insolvable après l'intercession ;

2° Quand l'intercession a lieu au profit d'un tuteur désigné par la mère et que le magistrat a confirmé cette désignation sous la responsabilité de l'intercédante.

Nous avons vu les cas dans lesquels le sénatus-consulte Velléien est applicable, ainsi que ceux dans lesquels la femme est non recevable à l'invoquer. Nous avons à nous demander, pour compléter cette étude, s'il n'existe pas des cas où, sous l'apparence d'une intercession, on ne se trouve pas en présence d'actes que les prohibitions du sénatus - consulte ne sauraient atteindre.

Ecartons d'abord le cas où il est impossible au créancier, par la nature même du contrat, de reconnaître une intercession dans l'obligation contractée par la femme. Supposons par exemple que Séia emprunte 10 sous d'or à Titius sans indiquer l'usage qu'elle en veut faire. Il est clair qu'on ne peut pas imposer au créancier l'obligation de surveiller l'emploi de la somme empruntée. Ignorant si l'emprunt doit profiter ou préjudicier à la femme, Titius ne saurait être victime d'une situation qu'il lui était impossible de connaître. Aussi n'est-il pas douteux que le sénatus-consulte est sans application dans cette espèce.

Nous pouvons donc poser en principe que l'intercession de la femme ne tombe sous l'application du sénatus-consulte Velléien qu'autant que le créancier n'ignore pas cette intercession ou que son ignorance à cet égard est peu justifiable. Seule, l'ignorance sérieuse et fondée du créancier, la soustrait aux dispositions prohibitives du sénatus-consulte.

Mais les différentes hypothèses que nous allons parcourir ne présentent pas les caractères de l'intercession. Elles en revèlent seulement l'apparence.

1° Les aliénations consenties par la femme au profit des tiers ne sont pas des intercessions ; et il en est ainsi alors même qu'elles sont consenties à titre gratuit. Elles échappent donc au sénatus-consulte Velléien. En effet les prohibitions qu'il consacre n'atteignent que les obligations contractées par la femme. Or aliéner, c'est se priver de l'objet aliéné, c'est amoindrir son patrimoine, et cela sans compensation, si l'aliénation est à titre gratuit, mais ce n'est pas s'obliger.

L'aliénation constituant une privation effective dont on peut prévoir et mesurer les effets *hic et nunc*, protège la femme contre ses propres entraînements. Le législateur n'a donc pas cru devoir la lui interdire.

L'intercession, au contraire, offre les plus graves dangers. La femme peut être séduite, entraînée par sa foi dans la solvabilité du débiteur au profit duquel elle intercède. En outre l'engagement pris par elle ayant pour échéance une date plus ou moins lointaine, qui garantit qu'elle en pèsera sérieusement les effets, et ne deviendra pas le plus souvent victime d'entraînements généreux, mais irréfléchis ?

Bien que les commentateurs justifient par ce motif la distinction que l'esqrit du sénatus-consulte Velléien permet d'établir entre les actes d'aliénation et les actes d'intercession, nous pensons que le législateur romain a cédé sur ce point à une considération d'un ordre plus élevé, le souci de la dignité domestique de la femme, considération qui se rapproche davantage du but poursuivi par le sénatus-consulte.

Ne perdons pas de vue, en effet, que le sénatus-consulte Velléien se propose d'éloigner autant que possible la femme des affaires publiques ou civiles, en restreignant son activité aux occupations purement domestiques. Or il atteint utilement ce but, en lui interdisant l'intercession qui le plus souvent n'est pour elle qu'un prétexte pour s'immiscer sans utilité, mais non sans danger, dans les affaires d'autrui, en un mot pour exercer *munera civilia*. Mais comme la pensée du législateur en édictant les dispositions du sénatus-consulte Velléien n'a pas été de frapper la femme d'une incapacité absolue, on ne pouvait lui interdire les actes d'aliénation sans atteindre ce résultat.

Sous le bénéfice de la distinction que nous venons d'établir entre l'intercession proprement dite et l'aliénation, nous devons donc reconnaître que la femme peut valablement payer la dette d'un tiers. Si elle le fait sans compensation, il y aura bien là une donation, mais non point une intercession ; si elle reçoit le prix de son intercession, elle est dans un des cas où le sénatus-consulte n'est pas applicable.

A plus forte raison, peut-elle déléguer son débiteur au créancier d'autrui. Cette opération constitue une dation en paiement dont elle ne retirera aucun profit, si elle ne reçoit pas d'équivalent, mais il n'y a pas là une intercession dans le sens du sénatus-consulte Velléien.

Elle peut également renoncer à l'hypothèque qu'un tiers lui a consentie, ou bien remettre le gage qu'elle a reçu. Nous ne trouvons dans ces différents actes que des aliénations par l'abandon d'un droit, mais non pas des intercessions prohibées.

2° Les intercessions qui procurent des avantages à la femme échappent à l'application du sénatus-consulte Velléien.

Aussi il n'est pas applicable :

(a) Quand la femme défend en justice sa propre caution ou un mandataire.

(b) Quand la femme intercédant par délégation est débitrice du délégant. Car par cette délégation, elle se trouve quitte envers son créancier. Ici encore, on peut dire que la délégation équivaut à un paiement.

(c) Quand, ensuite d'une acquisition d'hérédité, elle se présente et s'engage à payer au lieu et place de l'héritier poursuivi par les créanciers héréditaires. Elle intercède en apparence, mais elle n'en a pas moins fait sa propre affaire, puisqu'elle s'est libérée de dettes tombées dans son patrimoine, et que le vendeur de l'hérédité, en vertu des stipulations *emptæ et venditæ hereditatis* aurait un recours contre elle, à raison des condamnations qu'il aurait encourues si elle ne se présentait pas en son lieu et place.

(*d*) Quand étant co-propriétaire d'un immeuble indivis, elle emprunte conjointement et solidairement avec son co-propriétaire, les deniers nécessaires pour réparer l'immeuble commun. En garantissant par son engagement la totalité de la dette résultant de l'emprunt, la femme ne fait pas une intercession prohibée, car elle a intérêt à la réalisation de cet emprunt.

Mais il en serait autrement si l'emprunt avait pour but le paiement d'une chose achetée en commun avec un tiers.

3° Enfin l'engagement direct de la femme envers le débiteur, ne constitue pas une intercession au sens du sénatus-consulte Velléien.

Séia s'engage envers Titius à payer les dix sous d'or qu'il doit à Sempronius. La femme n'étant pas engagée envers Sempronius, le créancier, il n'y a pas d'intercession.

Quid au cas d'acquisition d'une hérédité mauvaise ? Cette acquisition faite par la femme et l'adition qui s'ensuit, constituent-elles une intercession ?

La négative n'est pas douteuse ; car il est impossible, juridiquement parlant, de considérer l'hérédité comme un débiteur au profit duquel la femme intercède auprès des créanciers héréditaires. En faisant adition d'hérédité, la femme fait, il est vrai, une mauvaise affaire, si les charges dépassent les forces de la succession ; mais une spéculation mauvaise ne constitue pas par cela même une intercession.

CHAPITRE II

EFFETS DU SÉNATUS-CONSULTE VELLÉIEN

Le sénatus-consulte Velléien rend nulle l'intercession de la femme et comme conséquence, il infirme, d'une part, l'obligation contractée par celle-ci envers le créancier, et fait revivre, d'autre part, au profit du créancier contre le débiteur originaire, l'obligation pour laquelle la femme était intervenue.

1° Effets du sénatus-consulte Velléien par rapport à la femme.

La femme qui s'est engagée au mépris du sénatus-consulte Velléien est absolument protégée contre les effets de son engagement tantôt directement, quand, à défaut de contestation sur le fait de l'intercession et sur l'application du sénatus-consulte, le préteur refuse toute action soit réelle, soit personnelle au créancier, tantôt indirectement et par voie d'exception, quand le créancier demandeur conteste l'existence même de l'intercession ou soutient que l'intercession échappe aux dispositions prohibitives du sénatus-consulte.

Le sénatus-consulte Velléien, prévoit expressément le refus d'action : « ne eo nomine ab his petitiat ne se in eas actio detur. »

Dans le second cas, le préteur en renvoyant les parties devant le juge, insère dans la formule, délivrée au demandeur l'exception tirée du sénatus-consulte Velléien : *si nihil in ea re, contra senatus-consultum Velleianum factum sit.*

Cette exception était perpétuelle et péremptoire. Mais ce n'était pas une exception perpétuelle ordinaire. Elle présentait ceci de particulier qu'elle pouvait être invoquée même après la condamnation et paralyser ainsi l'action née du jugement, tandis que les effets de l'exception perpétuelle ordinaire s'arrêtaient au jugement. Jusque là le défendeur qui avait omis de faire insérer l'exception dans la formule de l'action pouvait demander au préteur la délivrance d'une nouvelle formule en y faisant insérer l'exception qui le protégeait, mais après le prononcé de la condamnation il était forclos.

Cette exception était de plus péremptoire, c'est-à-dire *rei inhœrens*. Ce caractère la rendait applicable aux tiers engagés dans l'intercession avec la femme.

Le bénéfice du sénatus-consulte Velléien profitait non-seulement à la femme intercédante, mais à ses héritiers, à ses mandataires, à ses fidéjusseurs.

Quant à ces derniers, une controverse s'était élevée sur la question de savoir si la caution ne devait profiter de l'exception que dans le cas où elle avait un recours contre la femme. Cette opinion soutenue par Celsus, finit par succomber devant la doctrine contraire de Julien qui accordait l'exception aux fidéjusseurs, sans restriction aucune.

Etaient considérés comme fidéjusseurs de la femme, le tiers qui hypothéquait ses biens en garantie de l'intercession, le tiers délégué par la femme sans être son débiteur, et enfin le tiers qui s'obligeait *bona fide* au profit du débiteur principal et sur le mandat de la femme, mais ici il faut supposer que le créancier a connu l'intercession pour que l'engagement du fidéjusseur tombe sous l'application du sénatus-consulte. Peu importe au surplus que le fidéjusseur ait agi ou non *animo donandi*, à l'égard de la femme.

L'exception tirée du sénatus-consulte Velléien peut être opposée à tous ceux qui invoquent l'intercession de la femme pour agir contre elle. Elle est donc opposable au créancier, au fidéjusseur, au mandataire. Ajoutons que les dispositions du sénatus-consulte étaient applicables aussi bien par voie de réplique que par voie d'exception. Je suppose qu'une femme donne un objet en gage pour garantie d'une dette ; à l'exception tirée de la constitution de gage que le créancier opposera à la femme demanderesse en revendication, celle-ci opposera à son tour par voie de réplique l'exception tirée du sénatus-consulte Velléien.

La femme est encore protégée contre les effets de son intercession, quand elle a exécuté l'obligation contractée au mépris du sénatus-consulte. Comme le refus de toute action au créancier aussi bien que l'exception tirée du sénatus-consulte Velléien seraient inefficaces à la protéger contre l'exécution de son obligation, elle peut, par la *condictio indebiti* répéter ce qu'elle a payé de bonne foi, c'est-à-dire ignorant qu'elle pouvait ne pas le faire. Cette erreur de droit ne s'oppose en aucune manière à la répétition de la femme qui n'est pas même tenue d'une obligation naturelle.

Il en serait autrement si la femme en payant, connaissait les dispositions du sénatus-consulte car « *indebitum sciens solutum non rectè repetit ;* » et le paiement n'est pas par lui-même un acte d'intercession ainsi que nous l'avons dit plus haut.

Quand la femme avait constitué un objet en gage ou l'avait livré *intercessionis causa*, elle pouvait rentrer dans la possession de cet objet par l'interdit *utrubi*, et opposer ensuite l'exception par voie de réplique, ou bien revendiquer, s'il s'agissait d'une chose *mancipi* qu'elle n'avait fait que livrer, puis opposer également l'exception par voie de réplique.

Le secours accordé à la femme tantôt sous forme de *condictio*, tantôt par voie de revendication a pour conséquence que le sénatus-consulte Velléien éteint complètement l'intercession « *totam obligationem improbat* » sans laisser subsister aucune obligation naturelle.

2° *Effets du sénatus-consulte Velléien par rapport au créancier.*

L'application rigoureuse du sénatus-consulte Velléien eût entraîné des conséquences injustes et préjudiciables au créancier qu'il dépouillait de toute action contre le débiteur originaire, si le préteur n'était venu à son secours, en lui restituant l'action primitive, action que la novation résultant de l'intercession, lui avait fait perdre.

En s'adressant au prêteur, le créancier avait donc une restitution à lui demander. Cette situation juridique était la conséquence nécessaire de l'effet radical et absolu que le sénatus-consulte Velléien attribuait à l'intercession de la femme.

L'intercession, ainsi que nous l'avons dit, libérait le débiteur originaire par novation, éteignait tout lien de droit entre lui et son créancier, et rendait par conséquent sans effet l'action primitive de ce dernier.

La restitution accordée au créancier, doit être envisagée à plusieurs points de vue. Il y a lieu d'étudier successivement son caractère, ses cas d'application tant à l'égard des personnes qui en profitent qu'à l'égard des personnes contre lesquelles elle est attribuée, et enfin la durée de son exercice.

1° Caractère de la restitution. — Cette action appelée tantôt *actio restitutoria*, tantôt *actio rescisoria*, était-elle une *restitutio in integrum* ou une simple *actio utilis*, c'est-à-dire une de ces actions que l'équité faisait introduire par le préteur à l'aide d'une fiction? Malgré le peu de précision des textes et le désaccord des commentateurs sur ce point, nous nous rangeons à l'opinion qui considère l'*actio restitutoria* comme une simple *actio utilis* pour une série de raisons que nous allons parcourir rapidement.

La première, c'est que nous ne trouvons rien au digeste au titre de a *restitutio in integrum* qui soit relatif au créancier dont nous nous occupons.

En second lieu, nous avons dit que l'action restitutoire était perpétuelle, tandis que nous savons qu'un délai préfixe était imparti pour l'exercice de la *restitutio in integrum*.

De plus, à la différence de la *restitutio in integrum* que le préteur n'accordait au créancier qu'à défaut de toute autre voie de recours, l'action restitutoire n'excluait pas l'exercice d'autres actions.

En quatrième lieu, le préteur ne se livrait pas à l'examen des faits avant d'accorder l'action restitutoire, tandis que l'exercice de l'*actio in integrum* était subordonné à la preuve de la lésion, ce qui impliquait de la part du préteur, un examen préalable du fond de l'affaire.

Enfin l'action restitutoire n'était pas une voie extraordinaire comme la *restitutio in integrum* « communi jure, in priorem debitorem actio restituitur » nous dit Gaïus à propos de !'action restitutoire.

2° Cas d'application de l'*actio restitutoria.* — Le créancier victime de la nullité de l'intercession de la femme pouvait l'exercer chaque fois qu'il souffrait de l'exception tirée du sénatus-consulte Velléien. Or, il en souffrait quand l'intercession avait éteint ou tout au moins restreint directement ou indirectement l'obligation du débiteur originaire, mais il fallait expressément que la libération du débiteur ou la restriction apportée à son obligation fût la conséquence effective de l'intercession. Par suite l'action restitutoire sera refusée au créancier qui ferait disparaître l'intercession par acceptilation. D'ailleurs il est incontestable que cette action lui sera refusée chaque fois que l'intercession de la femme est valable. Cela s'explique facilement puisque le sénatus-consulte Velléien ne pouvant pas être invoqué, il n'éprouve aucun préjudice.

Il en sera encore ainsi, quand la femme intercédante exécute volontairement son obligation sachant qu'elle est protégée par le sénatus-consulte, ou lorsque pour soustraire le débiteur aux poursuites du créancier, elle prend à sa charge sa condamnation en s'engageant par caution solvable à n'en pas invoquer le bénéfice.

L'*actio restitutoria* est encore refusée au créancier quand elle ne lui est pas utile. Cette hypothèse se présente quand la femme a intercédé en faveur d'un incapable. A quoi servirait au créancier l'exercice de l'action restitutoire? La libération du débiteur par suite de l'intercession ne lui cause aucun préjudice, car à supposer que ce débiteur n'eût pas été libéré, les poursuites qu'il aurait exercées contre lui n'auraient pas abouti, s'adressant à un incapable. Néanmoins il va de soi que le débiteur incapable sera toujours tenu *Quatenus locupletior*.

Enfin l'*actio restitutoria* ne sera pas accordée au créancier toutes les fois que l'exception ne lui portera aucun préjudice, comme dans l'espèce suivante : un créancier promet de libérer son débiteur, s'il lui donne un *expromissor*. Une femme intercède en faveur du débiteur et cela dans des conditions qui rendent applicable le sénatus-consulte. L'intercession est nulle, cela va sans dire, mais le créancier qui a perdu son action ordinaire par suite de l'intercession, aura-t-il besoin de l'action restitutoire pour la recevoir? Nullement. La *condictio causâ datâ, causâ non secutâ*, le protégera suffisamment vis-à-vis de son débiteur. Le créancier n'avait promis de le libérer que s'il lui fournissait un *expromissor*. Le débiteur n'a pas rempli ses promesses, en lui donnant un *expromissor* incapable.

3° A quelles personnes est donnée l'*actio restitutoria ?* — Elle est accordée à tous ceux à qui pourrait être opposée l'exception tirée du Sénatus-consulte Velléien. Elle peut donc être exercée non seulement par le créancier, mais encore par ses héritiers, soit *ab intestat*, soit testamentaires.

4° Contre quelles personnes l'*actio restitutoria* est-elle donnée? — Le but même de l'action restitutoire, qui est de replacer le créancier dans la situation où il était avant l'intercession indique assez qu'elle doit être accordée contre tous ceux que l'intercession a libérés, c'est-à-dire contre le débiteur originaire, contre ses héritiers et autres successeurs, fût-ce la femme elle-même, contre les débiteurs accessoires, fidéjusseurs, cautions, etc., contre les débiteurs solidaires, que la femme eût intercédé dans l'intérêt de tous ou d'un seul, contre le maitre de l'esclave ou contre le père de celui pour lequel la femme a intercédé, mais seulement dans le cas où le maitre et le père étaient susceptibles de poursuites à l'occasion des obligations contractées par l'esclave ou le fils,

Remarquons que lorsque la femme a succédé au débiteur libéré, il aurait été puéril et superflu d'accorder au créancier, *l'actio restitutoria*, puisque pouvant poursuivre la femme par l'action directe, la femme n'a aucun intérêt à opposer l'exception Velléienne, étant responsable de la nullité de l'intercession qu'elle a provoquée.

Enfin l'action restitutoire est accordée contre les tiers qui, n'étant pas débiteurs, l'auraient été sans l'intercession ; ce qui aura lieu dans tous les cas où la femme s'est mise aux lieu et place d'un tiers, comme si elle avait fait sa propre affaire.

Par exemple Séia intervient au moment où Titius va s'obliger envers Sempronius. Son intercession met à sa charge l'obligation que Titius était sur le point de contracter. Advienne la nullité de l'intercession, Sempronius pourra recourir contre Titius, bien qu'aucun lien de droit primitif ne se soit formé entre eux. Ici le préteur *magis instituit quàm restituit obligationem*, selon le langage d'Ulpien. (L. 8 § 14).

Le créancier menacé de perdre le bénéfice de l'intercession par l'application du Sénatus-consulte Velléien, est-il obligé d'attendre que la femme ait excipé du Sénatus-consulte? On comprend le préjudice que des délais eussent entraîné pour le créancier. Son débiteur fût devenu peut-être insolvable. C'est pour parer à ces fâcheuses éventualités et pour sauvegarder les intérêts du créancier qu'on lui accorde le droit d'exercer *l'actio restitutoria* dès qu'il apprend que l'intercession de la femme est prohibée par le Sénatus-consulte Velléien.

5° Durée de *l'actio restitutoria*. — Le législateur n'a point fixé la durée de l'action restitutoire, mais sa nature et son but la déterminent. Ayant pour but de rendre au créancier la situation qu'il avait avant l'intercession, la durée de la nouvelle action se mesure nécessairement sur celle de l'action originaire que l'intercession avait éteinte. Il va sans dire que l'intercession suspend les délais de l'action primitive, qui reprennent leur cours à dater du jour de la restitution de l'action.

CHAPITRE III

INNOVATIONS DE JUSTINIEN

La réforme de Justinien modifia de deux manières différentes l'économie du Sénatus-consulte Velléien. Elle en tempéra les rigueurs par des exceptions dont les femmes non mariées seulement bénéficièrent ; elle créa d'un autre côté de nouvelles prohibitions à l'encontre des femmes mariées.

En étudiant les cas d'application du Sénatus-consulte Velléien, nous avons passé en revue quelques unes de ces innovations comme le renouvellement de l'intercession, l'intercession pour cause de dot, et l'intercession pour cause de liberté. Nous n'aurons donc qu'un mot à en dire.

Nous avons fait connaître en premier lieu que par un renouvellement consenti deux ans après l'intercession, la femme la validait. Cette persistance à vouloir maintenir un engagement dont elle pouvait invoquer la nullité, laisse supposer qu'elle a intérêt à la validité de l'intercession. Il suffit que la femme soit majeure lors du renouvellement pour que l'intercession soit efficace.

Avant Justien, l'intercession *pro dote* n'était valable qu'autant qu'elle était faite par la mère en faveur de la fille qu'elle voulait doter. Les rigueurs du Sénatus-consulte Velléien tombaient ici devant l'intérêt moral de la femme qui, par une intercession de cette nature assurait un avenir à sa fille et par suite, remplissait une obligation naturelle.

Justinien généralisa cette exception et décida que l'intercession *pro dote* serait valable sans distinction des personnes appelées à en bénéficier, fussent-elles mêmes étrangères à la femme intercédante.

Enfin Justinien dérogea au Sénatus-consulte Velléien, en validant les intercessions par lesquelles la femme facilitait l'affranchissement des esclaves.

En dehors de ces cas, Justinien restreignit encore par les innovations suivantes l'application de ce Sénatus consulte:

1° Il décida qu'il ne serait pas applicable quand la femme déclarerait avoir reçu le prix de son intercession. La femme qui reçoit l'équivalent de son obligation, en effet, bien qu'engagée au mépris du Sénatus-consulte Velléien, n'intercède pas au sens des dispositions prohibitives qu'il consacre. Elle remplit un mandat salarié. Cette solution était généralement admise avant Justinien, ainsi que nous l'avons déjà dit; mais pour que cette dérogation aux principes du Sénatus-consulte pût se réaliser, il fallait que la femme eût reçu l'équivalent exact de son obligation au moment de l'intercession. Justinien décida qu'il suffisait que la femme eût reçu quelque chose en échange de son intercession, si minime que fût son importance, pour rendre sans application le Sénatus-consulte Velléien, encore qu'elle reçut cette chose postérieurement à l'intercession. Il facilita également la preuve de la réception du prix en n'imposant à la femme que l'obligation de produire un acte signé par trois témoins et contenant sa déclaration qu'elle avait reçu le prix de son intercession.

Faute de produire cette déclaration littérale, la femme devait faire la preuve par les moyens ordinaires, seuls recevables en cette matière avant l'innovation de Justinien.

La femme avait ainsi un moyen détourné et facile d'éluder les dispositions prohibitives du Sénatus-consulte Velléien.

2° Justinien exigea en outre la rédaction d'un acte public signé par trois témoins au moment même de l'intercession. Cet acte authentique était nécessaire pour la validité de l'intercession, outre qu'il était un élément complet de preuve. A défaut de la rédaction de cet acte, ou en présence d'un acte authentique irrégulier, l'opération entière était entachée de nullité. La femme n'était pas obligée alors même que son engagement aurait échappé par sa nature à l'application du Sénatus-consulte Velléien

Si au contraire l'acte avait été dressé régulièrement le Sénatus-consulte recevait son plein effet ; l'intercession de la femme était tantôt nulle, tantôt valable, suivant les distinctions que l'analyse de l'esprit du Sénatus-consulte permet d'établir.

3° Nous savons que bien avant l'apparition du Sénatus-consulte Velléien, sous la République, la femme était incapable d'intercéder pour son mari. Cette prohibition spéciale à la femme mariée fut confirmée par les édits d'Auguste et de Claude.

Le Sénatus-consulte Velléien consacra cette prohibition en la généralisant et en l'étendant à toutes les femmes mariées ou non.

La nouvelle 134 de Justinien étend encore l'incapa-

cité de la femme mariée en décidant que toute obligation de la femme pour son mari sera radicalement
nulle. Ces dispositions sont même applicables au cas où
la femme pouvait intercéder par dérogation aux prohibitions du Sénatus-consulte. De plus, elles prohibent
toute ratification même indirecte.

Cette doctrine est le corollaire des innovations de
Justinien en matière d'inaliénabilité des fonds dotaux.

Pour terminer l étude du Sénatus-consulte Velléien,
il convient de rechercher quel fut le sort de cette institution juridique après la domination romaine.

L'invasion des Barbares porta un coup presque mor-
tel à la législation romaine. Les principes rationnels,
mais parfois subtils de ce droit rigoureux s'accommo-
daient mal avec les mœurs guerrières d'un peuple ignorant et grossier. A des besoins primitifs peu complexes, il faut une législation simple et concrète ; de
sorte que la législation romaine bien qu'en rapport
avec l'état de civilisation correspondant, était trop abs-
traite et trop encombrée de fictions juridiques pour pouvoir régler les rapports sociaux d'un peuple barbare.

Ce qui resta du droit romain dans quelques parties
du Midi de la France était méconnaissable et n'avait conservé du droit romain que le nom. Il faut franchir plusieurs siècles, dissiper les ténèbres, qui enveloppèrent
tout le moyen-âge pour voir surgir la restauration du
droit romain. Et encore le droit romain et le Sénatus-
consulte Velléien, qui nous occupe spécialement, ne
furent-ils pas accueillis partout ? Dans les pays du droit
écrit où il fut adopté, la jurisprudence à cet égard va-
riait d'un parlement à l'autre.

Au XVI⁰ siècle une réaction décisive s'opéra contre
le Sénatus-consulte Velléien. Jusque là la femme pou-

vait par une renonciation expresse, bientôt devenue de style dans les contrats, se soustraire aux dispositions prohibitives qu'il édictait.

Henri IV par un édit de 1606, fit défense aux tabellions du Royaume d'insérer dans leurs contrats, aucune renonciation au Sénatus-consulte Velléien et aux autres privilèges du sexe. Il ordonna en même temps que les engagements souscrits par les femmes eussent mêmes effet, force et vertu, que si ces renonciations y eussent été expressément énoncées.

C'était l'abrogation pure et simple du sénatus-consulte Velléien, mais quelques par'ements refusèrent d'enregistrer cet édit. Celui de Paris qui l'enregistra fut impuissant à le faire exécuter dans toute l'étendue de son ressort, et dans les parlements réfractaires l'autorité du sénatus-consulte Velléien était différente. Cette diversité fut assurément l'une des causes principales qui motivèrent sa suppression.

Le droit français actuel n'a pas adopté le sénatus-consulte Velléien. Sous l'empire de notre législation, la femme, mariée ou non peut s'obliger pour autrui comme pour elle-même, sous la condition, si elle est mariée, d'être autorisée par son mari ou par justice.

L'art. 1123 du code civil abroge implicitement le sénatus-consulte Velléien.

Toutefois il est impossible de reconnaître que le sénatus-consulte Velléien n'a pas laissé quelques traces dans notre législation même.

Qu'est-ce en effet que cette incapacité de la femme sous le régime dotal, sinon l'ancienne incapacité romaine, la défense d'intercéder pour le mari, jointe à la présomption que tout engagement pris vis-à-vis de lui par la femme n'est qu'une intercession en sa faveur.

Donc on peut dire qu'à ce point de vue le principe de l'incapacité Velléienne s'est glissé furtivement dans notre législation, sous le manteau de l'inaliénabilité dotale.

DROIT FRANÇAIS

DE L'INCAPACITÉ DE LA FEMME MARIÉE

CHAPITRE I

FONDEMENT DE L'INCAPACITÉ DE LA FEMME MARIÉE

La loi française place la femme mariée dans un état de dépendance relative vis-à-vis de son mari en la privant du libre exercice de la plupart de ses droits civils.

Fille ou veuve, pourvu qu'elle soit majeure, la femme a une indépendance et une capacité juridiques presque complètes. A part certains droits qui lui sont refusés à raison de son sexe, comme le droit de servir de témoin dans un acte public, le droit d'être appelée à une tutelle, si ce n'est à celle de ses propres enfants, elle est l'égale de l'homme au point de vue civil. Elle peut administrer ses biens, contracter, en disposer à titre gratuit ou onéreux, dans la plénitude d'une entière liberté, sans d'autres restrictions que celles que

4

le droit commun apporte à la capacité des mineurs, des interdits ou des prodigues.

On voit que sa condition est bien différente de celle de la femme Romaine dont la personnalité juridique était annihilée, complétement absorbée, en dehors du mariage, dans la personnalité juridique du père ou de ses tuteurs.

Mariée la femme française est frappée d'incapacité civile. Il semble que le mariage la place en tutelle.

La mariage Romain, au contraire laisse à la femme la condition qu'elle avait avant son mariage. Elle reste sous la puissance de son père ou soumise à la tutelle de ses agnats, s'il n'y a pas eu acquisition de la *manus* par le mari. Que s'il y a eu *conventio in manum* la femme passe de la *potestas patria* au pouvoir de son mari, mais sa condition n'est pas aggravée, son incapacité n'augmente pas. Elle est *loco filiœ* dans la famille du mari qui a en quelque sorte sur elle, s'il est *sui juris*, les droits d'un *paterfamilias*.

En se mariant la française majeure change réellement de condition, puisque de capable elle devient incapable ; et bien que sa personnalité juridique ne soit pas en principe absorbée dans celle du mari, bien qu'elle ait conservé une capacité propre, cette capacité est notablement diminuée quant à son étendue par le seul fait du mariage.

Quel est le fondement de cette incapacité juridique, permanente chez la femme Romaine, éventuelle, seulement subordonnée et limitée au mariage dans notre législation ?

S'il est vrai de dire que l'incapacité juridique des femmes en droit romain reposait avant tout sur des considérations d'ordre politique, sur la constitution

vigoureuse de la famille, il est difficile également de
ne pas reconnaître que les jurisconsultes admettaient
chez la femme, une infériorité intellectuelle, une inaptitude naturelle aux affaires qu'ils qualifiaient par le
mot *imbecillitas*.

Cette doctrine a-t-elle pénétré dans notre législation?
Si la loi française a placé la femme mariée sous le
joug juridique de son mari, est-ce à raison d'une
inaptitude naturelle inhérente à la femme, de cette
imbecillitas dont les lois romaines parlent à tout
propos?

En dehors de tout examen philosophique de la
question, la loi elle même nous fournit dans ses dispositions un argument décisif en faveur de la négative.
Si une présomption d'incapacité naturelle, d'infériorité
mentale inhérente au sexe avait servi de fondement à
la théorie de nos législateurs, rationnellement elle
aurait dû atteindre aussi bien la fille majeure et la
veuve que la femme mariée. Or l'incapacité qui nous
occupe est spéciale à la femme mariée, elle n'atteint
en aucune manière ni la fille majeure, ni la veuve.

Ne pouvant admettre, sans faire outrage à la raison
humaine, que c'est l'état de mariage qui provoque
spontanément cette prétendue incapacité naturelle de
la femme, il faut bien reconnaître que la théorie romaine, n'a pas pénétré chez nous. C'est donc ailleurs
que dans un motif supposé d'infériorité mentale de
la femme, qu'il faut chercher la cause de la sujétion
juridique dans laquelle la loi française l'a placée vis-à-
vis de son mari.

Il n'est pas plus exact selon nous de fonder l'incapacité civile de la femme mariée sur une idée de protection, et de soutenir qu'en se mariant et par le fait

même de son mariage, la femme avoue sa faiblesse, se defie de ses entrainements et recherche un protecteur dans son mari. Si cette idée avait préoccupé l'esprit du législateur comment expliquer que devenue veuve, le loi la laisse sans protection. C'est là si peu le motif de l'incapacité de la femme mariée que la loi confie à celle-ci dans certains cas pendant le mariage la direction de ses propres intérêts, quelquefois même la direction et la surveillance des intérêts de son mari. Comment expliquer par exemple que la mère survivante soit investie de la tutelle de ses enfants mineurs ? Comment expliquer le droit que confère à la mère survivante larticle 397 du code civil de désigner par testament ou par acte authentique un tuteur à ces même enfants ? Comment expliquer surtout qu'elle puisse être nommée tutrice de son mari interdit ?

Ces nombreuses dispositions législatives protestent contre cette théorie qui voit dans le mariage de la femme l'aveu tacite de sa faiblesse et d'un besoin impérieux de protection. Bien que l'incapacité de la femme mariée soit un effet nécessaire du mariage, il n'est donc pas cependant vrai de dire que c'est par défiance d'elle-même qu'elle se soumet à cette incapacité. C'est la loi qui l'en frappe en ne la laissant pas libre de la discuter et de la rejeter.

Où se trouve alors le vrai motif de l'infériorité juridique de la femme dans le mariage ? Nous venons de voir qu'il n'est pas dans la personne de la femme. Le trouverons-nous dans la nature et dans le but du mariage ?

C'est ce que nous allons rechercher.

Le mariage est une association : c'est l'association des forces affectives, intellectuelles et actives de l'homme et de la femme, en vue de constituer une famille. Le but du mariage est moins, en effet, la procréation d'être nouveaux, que la coopération, par l'adjonction d'une famille nouvelle, à l'évolution sociale. Le groupe familial, qu'il se réduise à ses éléments essentiels, le père et la mère, ou qu'il comprenne avec ceux-ci les enfants qui naîtront du mariage, est un des facteurs du groupe social. Il forme lui-même une petite société. Or s'il est une loi sociologique indiscutable, c'est qu'il n'y a pas de société sans gouvernement, c'est-à-dire sans une organisation politique puissante qui fasse converger les forces sociales vers un but commun, le bien général. La famille, image racourcie de la société, a besoin également d'un gouvernement, d'une unité de direction pour réaliser la condition matérielle et morale de son existence, à savoir la prospérité du ménage et son harmonie.

Mais il ne nous suffit pas d'avoir démontré la nécessité d'un chef unique dans la famille, il faut expliquer et justifier pourquoi la prépondérance a été donnée au mari plutôt qu'à la femme.

Au début des sociétés et alors que le droit n'est pas encore formulé en régles législatives, la force physique remplace la force sociale, impuissante à le faire respecter. Ne pouvant compter sur la protection des lois, les faibles n'ont d'autre appui que celui qu'il trouvent auprès des forts. Doté par la nature de forces, physiques plus grandes que celles de la femme l'homme était donc désigné par sa constitution même pour protéger la compagne qu'il s'était choisie, et comme l'idée de protection ne peut se comprendre sans une certaine autorité sur la personne protégée, le mari chargé de la protection de sa femme et des intérêts collectifs du groupe familial, s'est trouvé par là même investi de l'autorité sur elle et de la direction des forces communes.

Plus tard quand la force physique disparut devant la force sociale et que l'organisation politique des sociétés assura l'indépendance légale des faibles devant les forts, la situation de ceux-ci par rapport aux premiers fut maintenue dans le mariage. En d'autres termes la loi n'a fait ici que systématiser un état de choses naturel et spontané.

Au surplus on peut dire que la situation légale de l'homme et de la femme dans le mariage est suffisamment justifiée par la nature diverse de leurs tendances et de leurs fonctions normales. Les goûts de l'homme aussi bien que les nécessités de l'organisation sociale, l'entrainent au dehors, lui font un besoin du tracas des affaires, des fatigues de la vie active et extérieure. S'il a les soucis et les préoccupations que nécessite l'administration des affaires communes, n'est-il pas de la plus simple logique qu'il ait la direction et l'autorité dans la famille ?

La femme au contraire aime spontanément et par nature les travaux paisibles du foyer ; et le jeu compliqué et parfois brutal des relations extérieures choquerait ses sentiments les plus intimes aussi bien que les mœurs qui, avec raison selon nous, lui imposent une retenue plus grande qu'à l'homme. Sa fonction normale dans la famille, c'est l'ordre, l'épargne, l'éducation des enfants, les soins domestiques proprement dits, ce qui n'exclut pas sa participation morale au labeur de son mari, comme conseillère. Dans les ménages bien unis et bien équilibrés en effet, la place qu'y occupe la femme est plus grande qu'on ne se l'ima-

gine d'ordinaire. Le mari ne traite aucune affaire sérieuse sans prendre son avis, et neuf fois sur dix, encore
que l'amour-propre l'empêche de l'avouer, il suit scrupuleusement cet avis, ou en tient compte en tout cas
dans une notable mesure. Et il est heureux qu'il en
soit ainsi, car la femme, par sa supériorité morale sur
l'homme (le côté affectif est en effet prépondérant chez
elle), est bien plus portée que nous à mettre un but
moral aux actions humaines. Bien rarement la femme
conseille au mari de sacrifier l'honneur à ses intérêts.

Quoi qu'il en soit, en confiant au mari la direction
pratique des affaires domestiques, la loi en cette occasion comme en tant d'autres n'a fait que régulariser
une situation qu'elle n'avait pas faite, mais qui ré-
sultait de la force même des choses.

Nous devons déterminer maintenant dans quel intérêt la loi a frappé la femme mariée d'incapacité à
l'égard de certains actes. Pourquoi exige-t-elle pour
la validité de ces actes l'autorisation du mari ? Est-ce
dans l'intérêt exclusif de la femme ou dans l'intérêt
exclusif du mari ? N'est-ce pas plutôt dans l'intérêt
commun et indivisible des époux, autrement dit dans
l'intérêt de la famille ?

Nos anciens auteurs ont des manieres de voir différentes sur cette question. Cela tient à ce que la théorie
de l'incapacité de la femme mariée n'était pas encore
faite et que les dispositions des diverses coutumes
variaient sur ce point.

La solution de la question que nous nous posons a
un intérêt pratique et législatif considérable. Il est
certain en effet que le législateur organisera et sanc-
tionnera diversement l'incapacité de la femme mariée
selon qu'il l'appuiera soit sur l'intérêt de la femme,

comme conséquence de sa faiblesse et du besoin
qu'elle a d'une protection juridique, soit sur l'intérêt
exclusif du mari, comme conséquence de sa puissance maritale, soit enfin sur l'intérêt commun de la
famille.

Il nous faut donc, avant d'étudier la théorie que le
Code a mise en vigueur et pour la bien comprendre,
analyser rapidement les opinions des jurisconsultes
sur la matière.

Pour Pothier l'incapacité de la femme mariée repose
uniquement sur le respect dû à la puissance maritale.
« Le besoin qu'a la femme de l'autorisation de son
« mari, dit-il, dans son traité de la *puissance maritale*,
« n'est pas fondée sur la faiblesse de sa raison, car
« une femme mariée n'a pas la raison plus faible que
« les filles ou les veuves qui n'ont pas besoin d'auto-
« risation. La nécessité de l'autorisation du mari n'est
« donc fondée que sur la puissance que le mari a sur
« la personne de sa femme, qui ne permet à sa femme
« de ne rien faire que dépendamment de lui ». C'est
la théorie de la puissance maritale telle que la con-
cevait Beaumanoir, moins ses conséquences. Pour
être conséquent avec le principe posé, Pothier aurait
dû admettre que l'acte fait par la femme sans autorisation, devenait valable après la dissolution du mariage par la mort du mari qui seul a qualité pour l'attaquer, puisqu'il est une atteinte à l'autorité conjugale
dont il est investi, tandis qu'il enseigne au contraire
que cet acte est frappé d'une nullité absolue et définitive. Il devait également décider que rien ne pouvait suppléer à l'autorisation maritale, tandis qu'il admet la femme à agir avec l'autorisation de justice en
cas de refus de la part du mari. La seule conséquence

devant laquelle Pothier n'ait pas reculé est celle qui investit le mari même mineur du droit d'habiliter valablement sa femme, sa qualité de mineur ne la dépouillant pas de la puissance maritale attachée à sa qualité de mari.

Est-ce là la théorie du Code ? Assurément non, puisque l'article 225 du code civil admet la femme à invoquer la nullité des actes faits par elle sans autorisation.

Suivant Lebrun, la nécessité de l'autorisation a pour but de protéger la femme contre la faiblesse et l'inexpérience des affaires inhérentes à son sexe.

Est-ce là la théorie du Code ? Pas davantage, puisque l'article 225 précité accorde au mari le droit d'attaquer les actes faits par sa femme au mépris de son autorité.

« Enfin, sans nous attarder à examiner certaines autres théories moins connues, notamment celle de Loysel qui voit dans la puissance maritale, la continuation de la puissance paternelle, nous arrivons à la théorie enseignée par Dumoulin. Ce jurisconsulte voit la raison d'être de l'incapacité de la femme dans la nécessité d'une administration unique dans l'intérêt de la famille, et il en déduit cette conséquence que l'autorisation maritale cesse d'être exigée en cas de séparation de biens, les intérêts et les biens des deux époux étant désormais distincts et séparés.

Bien que le Code ait repoussé cette conséquence, nous pensons que c'est la théorie de Dumoulin qui a inspiré nos législateurs. C'est incontestablement selon nous, dans l'intérêt réciproque et commun des deux époux, et par suite dans l'intérêt de la famille qu'ils ont organisé l'incapacité de la femme pendant le ma-

riage. L'article 225 du code civil en offre la preuve indéniable en accordant à la fois, au mari, à la femme et
à leurs héritiers le droit d'opposer la nullité fondée
sur le défaut d'autorisation.

Si l'idée de protection de la femme n'a pas servi de
substratum à l'organisation de l'incapacité dont elle
est l'objet, nous ne prétendons pas cependant d'une
manière absolue que cette idée n'a pas préoccupé un
peu l'esprit les auteurs du Code, mais elle ne se rattache pour ainsi dire que subsidiairement à la théorie
qu'ils ont sanctionnée, et comme corrolaire du devoir
de protection du mari vis-à-vis de la femme, inscrit
dans l'article 213 du code civil.

Outre l'article 225, plusieurs dispositions légales
justifient le système que nous soutenons ; les articles
219, 221, 222 et 224, en confiant aux tribunaux, c'est-
à-dire à la société représentée par le pouvoir judiciaire, le droit de se substituer au mari pour habiliter
la femme dans les cas qu'ils prévoient, prouvent bien,
en effet, que l'autorisation maritale, n'a pas été organisée en vue et comme sanction de la puissance maritale.
D'un autre côté la situation légale de la femme après la séparation de biens et surtout après la séparation de corps,
démontre jusqu'à l'évidence que la nécessité de l'autorisation n'a pas uniquement pour but la protection de la
femme. Comment concevoir en effet qu'au cas de séparation de biens où en fait la femme se trouve dans la situation d'une fille majeure ou d'une veuve, l'autorisation du mari soit exigée, si ce n'est dans l'intérêt commun
solidaire des deux époux ? Comment concevoir surtout
et la survivance de l'autorisation à la séparation de corps,
si on ne la motive sur l'intérêt de la famille ? La séparation de corps, nous le savons, en déliant la femme

de l'obligation d'habiter avec son mari, enlève à celui-ci l'une des prérogatives les plus essentielles et les plus caractéristiques attachées à la puissance maritale. Elle rompt l'association conjugale dans son principe même, et cependant elle laisse au mari le droit de valider par son autorisation les actes passés par sa femme. C'est au mari, devenu le plus souvent après la séparation de corps l'ennemi irréconciliable de la femme, que la loi confie le contrôle et les destinées des intérêts de celle-ci. Si le mari autorise ou ratifie après coup un acte préjudiciable à la femme, il l'aide à consommer sa ruine.

Dira-t-on maintenant que c'est dans l'intérêt de la femme que la loi a organisé son incapacité pendant le mariage? Evidemment non. Le législateur a réglé cette situation légale, en faisant l'hypothèse la plus simple et la plus conforme aux probabilités. Il a supposé le cas le plus fréquent, celui où des enfants étaient issus du mariage, et c'est en vue de sauvegarder le patrimoine éventuel de ses enfants, héritiers de leur mère comme ils sont les siens, qu'il a laissé au mari, c'est-à-dire à celui qui, par tempérament et par expérience, est le mieux armé pour la lutte des intérêts, le soin de surveiller l'emploi que sa femme fait de sa fortune, même après que la séparation de corps a été prononcée et jusqu'à la dissolution du mariage.

Ce que la loi a entendu protéger, c'est donc la famille, c'est-à-dire l'ensemble des intérêts matrimoniaux dont le mari a la garde et le dépôt comme chef et directeur de l'association conjugale et si elle n'a pas voulu que la femme mariée pût sans autorisation, faire certains actes importants, c'est que le mari a un intérêt pécuniaire aussi bien que moral à s'opposer à tout acte de nature à porter atteinte à la fortune de la femme ; car toute brèche au patrimoine de cette dernière atteint par réaction la fortune du mari et, par suite, compromet la sécurité matérielle de la famille. outre qu'elle peut troubler son harmonie morale, en faisant naître la mésintelligence entre les époux.

CHAPITRE II

ÉTENDUE ET DURÉE DE L'INCAPACITÉ DE LA FEMME MARIÉE

La nécessité de l'autorisation maritale étant la conséquence du mariage, commence avec lui « l'effet ne devant pas précéder la cause », suivant les expressions de Pothier au traité de la *puissance maritale* : néanmoins quelques coutumes, la coutume d'Artois entre autres, faisaient brèche à ce principe de logique, en fixant le point de départ de l'incapacité de la femme au jour des fiançailles. Mais la nécessité de l'autorisation du fiancé était subordonnée à la célébration du mariage de même que la nullité des actes passés par la fiancée au mépris de cette autorisation anticipée, ne pouvait être opposée aux tiers qui avaient contracté avec elle, qu'autant que les fiançailles avaient été rendues publiques par la publication des bans.

L'incapacité de la femme, consécutive au mariage, finit avec lui : « *cessante causâ, cessat effectus.* » Mais elle survit à la séparation de corps, laquelle, nous l'avons dit il n'y a qu'un instant, n'entraîne pas la dissolution de l'union conjugale, mais en relâche seulement les liens en affranchissant les époux de la vie commune.

Quid en cas de mort civile? Encore que cette question n'ait qu'un intérêt rétrospectif, puisque la mort civile est abolie, il est bon néanmoins d'en donner la solution pour bien fixer les limites de durée de l'inca-

pacité de la femme mariée. La nécessité de l'autorisation est, avons-nous dit, un effet civil du mariage.
Ne devant pas survivre à la dissolution du lien
conjugal et la mort civile opérant cette dissolution,
il était rationnel de décider que la mort civile affranchissait la femme de la puissance maritale, et, par
suite, la laissait entièrement libre de contracter,
d'aliéner ou d'ester en jugement sans autorisation.

Bien que le régime matrimonial adopté par les époux
modifie sur quelques points secondaires l'étendue de
l'incapacité de la femme, le choix du régime ne porte
aucune atteinte au principe même de la nécessité de
l'autorisation pour les actes les plus importants. Ainsi
la séparation de biens, tout en laissant à la femme la
libre administration de ses revenus, ne la soustrait pas
à l'obligation de se faire autoriser pour aliéner ses
immeubles ou pour ester en justice, alors même que
l'instance se rattache à un acte de pure administration.
D'un autre côté, sous le régime de communauté qui
attribue au mari seul tous les pouvoirs, la femme
n'aura presque jamais l'occasion de recourir à l'autorisation maritale, puisque les juges auront le plus
souvent à examiner une question de mandat bien plus
qu'une question d'autorisation maritale. Chaque fois
que la femme commune contracte, en effet, c'est
presque toujours moins en son propre nom qu'au nom
et en qualité de mandataire tacite du mari que le
contrat intervient.

Quel que soit donc le régime adopté, la nature de
l'incapacité de la femme est la même; si elle varie d'un
régime à l'autre, ce n'est pas en intensité, mais seulement en étendue.

Avant d'aborder les développements que comporte

· l'étude de l'incapacité de la femme mariée, nous devons faire remarquer que la femme mariée n'est pas frappée d'une incapacité générale. En droit commun la capacité est la règle, l'incapacité, l'exception. Or la loi ne restreint la capacité civile de la femme mariée qu'à l'égard de certains actes spécifiés ; par suite, elle est capable de faire seule tous les actes pour lesquels la loi ne l'a pas expressément déclarée incapable. C'est par application de ce principe qu'on décide qu'elle peut, sans autorisation, changer de nationalité, reconnaître, adopter un enfant naturel qu'elle aurait eu avant son mariage d'un autre que son mari, tester, etc., etc.

Ceci posé, nous diviserons notre étude en deux parties :

1° Incapacité d'ester en jugement ;

2° Incapacité par rapport aux actes extrajudiciaires.

SECTION I

DE L'INCAPACITÉ D'ESTER EN JUSTICE

Cette incapacité est formulée dans l'article 215 du Code civil :

« La femme ne peut ester en jugement sans l'auto-
« risation de son mari, quand même elle serait mar-
« chande publique, ou non commune, ou séparée de
« biens. »

Ester en jugement (traduction vicieuse des mots latins *stare in judicio*), c'est se présenter devant le juge pour lui remettre la décision d'une contestation, ou, pour employer une expression usitée au Palais, c'est être partie dans un procès. On est partie dans un procès soit comme demandeur, soit comme défendeur, soit comme intervenant.

La règle posée dans l'article 215 est générale. La femme mariée ne peut plaider sans l'autorisation de son mari, soit comme demanderesse, soit comme défenderesse, soit comme intervenante, sous quelque régime que les époux soient mariés et sans qu'il y ait lieu de distinguer ni la nature de la juridiction, qu'elle soit civile, administrative ou criminelle, ni le degré de juridiction, qu'il s'agisse d'une affaire en premier ou dernier ressort, ou même d'une affaire soumise à la décision de la Cour suprême.

L'incapacité de plaider est donc absolue pour la femme mariée. Nous trouverons cependant trois exceptions à cette règle : 1° pour la demande en séparation de biens ; 2° pour l'instance en séparation de corps ; 3° quand la femme est poursuivie en matière criminelle ou de police.

Il convient d'examiner l'incapacité d'ester en justice au point de vue du régime des biens, de la compétence, de la juridiction et de l'objet du procès.

A. *La femme est demanderesse au civil.* — Il y a lieu tout d'abord de tenir compte du régime adopté par les époux et de la nature de l'instance civile engagée.

On sait qu'en matière civile, une action peut être *mobilière*, quand elle a pour objet un meuble ; *immobilière*, quand elle a pour objet un immeuble ; *possessoire*, quand elle a pour objet de faire maintenir en possession d'un fonds, le demandeur troublé dans cette possession, ou de l'y faire réintégrer s'il l'a perdue ;

elle est enfin *pétitoire*, quand elle a pour objet la propriété même de la chose réclamée, abstraction faite de sa possession.

Chacune de ces actions peut appartenir à la femme mariée puisqu'elle peut devenir personnellement créancière, propriétaire, ou se trouver en possession d'une chose. Mais en a-t-elle toujours l'exercice? C'est ce que nous allons rechercher en examinant successivement les différents régimes de biens qui règlent les conventions matrimoniales des époux, et nous constaterons que les cas où la femme peut avoir personnellement à agir en justice ne sont pas aussi nombreux que les apparences le font croire.

Prenons d'abord le régime de communauté. Sous ce régime, la femme n'a l'exercice d'aucune action. S'agit-il de ses actions mobilières? Le mari seul en a l'exercice, soit comme chef de communauté, soit comme administrateur des propres de la femme. En effet, si le procès a pour objet la réclamation d'un meuble qui doit tomber en communauté, l'action correspondante y tombe elle-même du chef de la femme, et le mari l'exerce en vertu de son pouvoir absolu sur les biens communs; que si l'action a pour objet un meuble exclu de la communauté, l'action reste bien personnelle et propre à la femme, mais le mari l'exerce alors comme administrateur des biens propres de celle-ci.

Remarquons en passant que le droit du mari d'exercer les actions mobilières de la femme, en sa simple qualité d'administrateur des propres de celle-ci, peut le conduire parfois à aliéner indirectement l'objet de ces actions. A première vue, on est tenté de voir une anomalie juridique là où il n'y a qu'une fausse conception

5

économique tirée du mépris où l'on tenait la fortune mobilière, à la vérité fort restreinte, à l'époque de la confection du Code.

S'agit-il des actions immobilières? En tenant compte de la distinction que nous avons faite *suprà*, nous dirons que le mari exerce seul les actions possessoires (1428, 2º) à la fois comme administrateur chargé de veiller à la conservation des biens qu'il administre (2254) et comme chef de la communauté qui a droit à la jouissance de ces mêmes biens. Quant aux actions pétitoires, il les exerce encore, mais il lui faut le concours de sa femme (1428, 2º, *a contrario*). Le motif de cette restriction, c'est que l'exercice mal dirigé d'une action peut conduire à l'aliénation indirecte de la chose qui en est l'objet, et qu'il est interdit au mari d'aliéner les immeubles de sa femme sans son consentement (1428, 3º).

Il résulte de cet exposé que, sous le régime de communauté, l'article 215 n'est pas susceptible de recevoir application.

Envisageons maintenant le cas où le régime adopté par les époux est l'exclusion de communauté. Comme administrateur des biens de sa femme, le mari a seul l'exercice de ses actions mobilières. Le même motif explique pourquoi l'exercice des actions immobilières possessoires lui est confié. C'est également en sa qualité d'administrateur que le mari exercera les actions immobilières pétitoires, mais le consentement de la femme sera ici nécessaire comme sous le régime de communauté, le droit d'administration ne conférant pas le droit d'aliéner les immeubles, même indirectement par voie d'action. Pas plus que sous le régime de communauté, l'article 215 ne sera applicable sous le régime d'exclusion de communauté.

Mais il n'en sera plus de même si les époux sont légalement ou judiciairement séparés de biens. La femme se trouve alors dans une situation juridique exceptionnelle et demi-indépendante. Seule, elle est investie du droit d'administrer ses biens, meubles et immeubles, et d'en toucher les revenus dont elle peut disposer à son gré et sous la réserve unique de sa participation aux charges du ménage dans la proportion établie par l'article 1537 du Code civil. C'est à elle qu'incombe également le soin et le droit d'intenter les actions mobilières et les actions immobilières possessoires et pétitoires qui intéressent son patrimoine ; mais elle ne pourra le faire qu'avec l'autorisation de son mari encore bien qu'il ne s'agisse que d'actions relatives à son administration, à la différence du droit coutumier où la femme séparée de biens pouvait librement plaider pour tout ce qui concernait l'administration de ses biens.

Enfin si le régime adopté est le régime dotal, comme la femme se trouve par rapport à ses biens paraphernaux dans la même position que si elle était séparée, elle seule pourra prendre l'initiative de toutes les poursuites judiciaires relatives à ces biens. Mais, de son côté, le mari, aux termes de l'article 1549, aura seul le droit de poursuivre les débiteurs et détenteurs des biens dotaux, ce qui revient à dire qu'il peut seul exercer les actions tant mobilières qu'immobilières qui intéressent ces biens. Cette attribution au mari de l'exercice des actions dotales est la conséquence du droit d'administration que la loi lui confie sur les biens dotaux (art. 1549). Cette conséquence, quoique rationnelle au regard de l'usufruit des biens dotaux, puisque le mari en a la jouissance, ne l'est plus quant à la nue-propriété, du moins en ce qui concerne les actions immobilières pétitoires, puisque le mari n'en est pas propriétaire. En consacrant cette inconséquence, nos législateurs paraissent avoir sacrifié, inconsciemment peut-être, à la théorie romaine.

Pour nous résumer, nous dirons que l'article 215 ne reçoit son application que sous le régime de séparation de biens sans restriction, ou sous le régime dotal, quand l'action intentée a pour objet des paraphernaux.

Envisageons maintenant l'incapacité de la femme mariée d'ester en jugement au point de vue des divers degrés de juridiction. En d'autres termes l'autorisation du mari est-elle nécessaire pour toutes les phases du procès, pour tous les degrés de juridiction ?

En premier lieu est-elle nécessaire pour comparaître devant le bureau de conciliation ? Oui selon nous, car, bien que nous considérions la formalité de la conciliation, comme le préliminaire de l'instance et non comme une de ses parties essentielles, cette tentative pouvant aboutir à un arrangement avec la partie adverse, c'est-à-dire à un échange réciproque de concessions, la femme sera amenée le plus souvent à faire l'abandon d'une partie de son droit et il est juste d'exiger alors la garantie de l'autorisation maritale. Mais nous estimons que l'autorisation de plaider en première instance suffit à la femme pour se présenter devant le bureau de conciliation sans autorisation spéciale à cet effet. Cette solution, en effet, est en harmonie avec le but de la tentative de conciliation qui n'est

exigée, préalablement à toute instance, que pour faci-
liter un rapprochement entre les parties, ce qui implique
nécessairement l'idée d'une transaction possible pour
laquelle l'inexpérience de la femme sera suffisamment
garantie par la présence et l'intervention du juge de
paix.

Si l'autorisation d'ester en jugement emporte celle de
paraître en conciliation, la réciproque n'est pas vraie :
spécialement autorisée à consentir un arrangement à
l'audience de conciliation, la femme mariée devra; si
la tentative de conciliation échoue, obtenir une autorisation nouvelle pour porter l'affaire devant le tribunal
civil. Cette nécessité de l'autorisation est pour ainsi
dire d'ordre public et si absolue que le jugement obtenu
contre une femme mariée non autorisée ne peut passer
en force de chose jugée. Elle est recevable à l'attaquer
par voie de cassation, alors même que les juges d'appel
l'auraient confirmé.

En second lieu, la femme mariée appelante d'un jugement du tribunal de première instance devant lequel
elle a procédé avec l'autorisation de son mari, peut elle
sans autorisation nouvelle plaider sur l'appel? Évidemment non, parce que dans la vérité des faits, il s'agit
ici d'une instance nouvelle. Supposer en effet, que la
femme est appelante, c'est supposer qu'elle a perdu son
procès en première instance et quoique l'appel ne soit
que la continuation du procès devant une juridiction
supérieure, il n'en est pas moins vrai, qu'en fait il s'agit
d'ester en jugement à nouveau puisqu'il y a eu jugement sur sa prétention. Or la décision du premier degré
de juridiction élève contre la femme la prescription
sérieuse que sa prétention est peu fondée, et l'intérêt
bien entendu de la famille autant que la dignité conju-

gale commandent l'intervention du mari qui, par un refus judicieux d'autorisation, évitera à la femme de poursuivre plus avant un procès peut être téméraire. Mais la femme autorisée à ester en première instance ou à interjeter appel, n'a pas besoin d'une autorisation nouvelle pour former opposition au jugement ou à l'arrêt par défaut rendu sur la demande originaire ou sur l'appel ; et cela parce que l'opposition ne constitue pas une instance nouvelle, c'est la continuation de la même instance et l'autorisation donnée pour une instance implique nécessairement celle de former opposition aux décisions rendues par défaut.

Nous verrons plus loin ce qu'il faut décider quand la femme agit sur l'appel comme intimée.

Ce que nous venons de dire pour l'appel d'un jugement de première instance, est vrai pour l'appel d'un jugement de justice de paix porté devant le tribunal de première instance, juge d'appel à cet égard.

Nous n'avons parlé jusqu'ici que de la femme mariée au moment de l'action. Que décider au cas où une fille en cours d'instance vient à se marier. » Quand il s'agit « d'un procès lié antérieurement au mariage, on ne « peut plus, à partir du mariage, dit Pothier, (*Traité de* « *la puissance maritale* n° 56) procéder valablement ni « de part ni d'autre jusqu'à ce que l'instance ait été « reprise par le mari, ou que sur le refus de reprendre « l'instance, la femme ait été autorisée par justice à « continuer de la poursuivre ou d'y défendre. » Cette autorisation n'était nécessaire dans l'ancien droit qu'autant que la cause n'était point encore en état au moment du mariage.

Cette distinction n'existe plus dans notre législation. Ce n'est que dans le cas où la femme étant demanderesse, le défendeur n'a pas encore constitué avoué, que la loi (art. 345 c. Proc.) exige que la femme le réassigne à nouveau et cette fois avec l'autorisation du mari. On ne distingue plus, comme autrefois, entre le cas où le procès est en état et le cas où le procès n'est pas en état au moment du mariage. L'article 342 du Code de procédure civile pourrait faire croire au premier abord que cette distinction a été maintenue, mais il est hors de doute que cet article a été modifié par l'article 345 du même Code aux termes duquel le changement d'état des parties n'empêche pas la continuation des procédures.

Quand la femme défenderesse se marie postérieurement à l'introduction de la demande, les procédures continuent valablement tant que le changement d'état n'a pas été notifié à la partie adverse. Mais après la notification du changement d'état de la femme, le demandeur ne peut valablement continuer la procédure sans mettre en cause le mari.

Après le jugement, encore qu'il n'y ait pas eu de signification de changement d'état, si l'on veut appeler, que ce soit la femme ou son adversaire, tout rentre dans le droit commun, parce qu'on entame une nouvelle instance.

En troisième lieu et pour les mêmes raisons, il y a lieu de décider que la femme mariée ne peut se pourvoir en cassation, sans y être préalablement autorisée. Cette doctrine est également applicable à la requête civile.

Bien que chaque degré de juridiction forme une instance nouvelle à laquelle l'article 215 est successivement applicable, il va de soi que lorsqu'au début d'une instance, la femme est autorisée à suivre le procès jusqu'à ce qu'elle ait obtenue une solution définitive, elle peut, sans autorisation nouvelle, plaider en première instance, en appel et même former un pourvoi en cassation.

Indépendamment des cas que nous venons d'étudier et qui marquent les phases nécessaires qu'un procès peut parcourir, il en est d'autres qui peuvent se présenter au cours même d'un procès et dans lesquels on se demande si la femme autorisée au regard de l'instance principale n'a pas besoin d'une autorisation nouvelle. Nous voulons parler du désistement, de l'acquiescement, de la délation du serment décisoire et de l'aveu judiciaire.

Si la femme a besoin d'autorisation pour exercer ses actions en justice, elle ne peut pas, quand elle est dûment autorisée, y renoncer sans une autorisation contraire, qu'il s'agisse du désistement de la procédure ou du désistement de l'action. Aucune objection ne saurait s'élever contre cette solution en ce qui concerne le désistement de l'action. Ce désistement en effet emporte l'abandon du droit soumis à l'appréciation des juges. Or la femme mariée, aux termes de l'article 217, ne peut aliéner sans autorisation et il est impossible de comprendre comment la femme puiserait le droit de faire cet abandon dans l'autorisation de plaider qu'elle a obtenue, car cette autorisation lui a été accordée pour soutenir son droit et non pour y renoncer.

Nous soutenons en second lieu qu'elle ne peut pas davantage se désister de la procédure entamée, sans une autorisation nouvelle. Ici on peut nous opposer que le désistement de la procédure n'entraînant pas l'abandon du fond du droit, et n'enlevant pas à la femme le droit d'engager une nouvelle instance après son désistement, il n'y a pas les mêmes raisons de soumettre ce désistement à la nécessité d'une autorisation nouvelle. Nous répondrons que c'est là une grave erreur. Se désister d'une procédure, c'est renoncer aux avantages des actes faits au cours de cette procédure, c'est s'engager en outre à payer tous les frais de l'instance, aussi bien ceux qu'on a faits soi-même, que ceux qui ont été faits par la partie adverse. De plus — et c'est là la raison déterminante de la solution que nous avons adoptée, — la solution peut entraîner indirectement la perte du fond du droit puisque la prescription, que la procédure abandonnée avait interrompue, a pu s'accomplir au cours de la première instance et que d'autre part les moyens que la femme a fait valoir jusque là peuvent lui faire défaut dans la nouvelle instance.

La femme a besoin également et pour les mêmes raisons d'une autorisation spéciale pour acquiescer à un jugement rendu contre elle et renoncer en conséquence au droit d'y faire opposition ou de le porter en appel.

La femme autorisée à plaider, peut elle déférer le serment décisoire ? Peut elle l'accepter sans autorisation nouvelle ?

L'affirmative n'est pas douteuse pour la première question. La délation du serment décisoire est un véritable désistement ou un acquiescement conditionnel, selon qu'elle est faite par le demandeur ou par le défendeur. Ce n'est pas autre chose, en effet, que l'offre faite à la partie adverse, de renoncer à sa prétention, si l'on est demandeur, ou de reconnaître le bien fondé de la prétention du demandeur, si l'on est défendeur, à la condition qu'elle prêtera le serment. Ce que nous avons dit du désistement et de l'acquiescement s'appliquera

donc sans restriction à la délation du serment décisoire : la femme mariée ne peut pas sans autorisation
déférer le serment à son adversaire.

Mais que décider au cas où c'est l'adversaire de la
femme qui défère le serment à cette dernière. Doit-elle,
pour l'accepter valablement, se pourvoir d'une autorisation nouvelle? La négative a des partisans. Leur argumentation n'est pas sans valeur. A quoi bon, disent-
ils, exiger l'autorisation du mari, puisqu'il ne peut pas
la refuser? Il ne peut pas la refuser, puisqu'en la refusant, la partie adverse deviendrait victime de l'incapacité de cette dernière, en se voyant privée d'un secours précieux que la loi offre à toutes les parties. Ce
raisonnement est logique, mais il est incomplet. Il ne
voit qu'un côté de la question. Il ne tient pas compte
de la situation spéciale de l'autre adversaire au procès.
Cet adversaire est une femme mariée, et comme telle
elle est non recevable à référer le serment qui lui est
déféré, du moins sans autorisation. Cela résulte de
ce que nous venons de dire sur la délation du serment
décisoire faite par la femme. Il faut donc qu'elle soit
dûment autorisée pour que le serment puisse lui être
déféré, afin de lui permettre ou de l'accepter, ou de le
référer valablement à son adversaire. A cette raison
de droit s'ajoute une considération importante, c'est
que l'offre faite à la femme de prêter le serment décisoire peut cacher un fraude et protéger une aliénation
indirecte concertée entre elle et son pseudo-adversaire.

La femme autorisée à plaider, doit donc, selon nous,
solliciter une seconde autorisation pour accepter le serment décisoire.

Enfin la femme autorisée à plaider a-t-elle qualité
pour faire un aveu judiciaire et dès lors est-il permis

de l'interroger sur faits et articles sans autorisation
nouvelle? Nous sommes partisans de la négative quoique la raison de droit invoquée pour décider que le
serment décisoire ne peut être accepté par la femme
sans autorisation du mari n'existe pas dans l'espèce.
Nous l'adoptons uniquement parce que ce moyen peut
dissimuler des aliénations frauduleuses et servir à
éluder la nécessité d'une autorisation qu'on sait à l'a-
vance devoir être refusée. Si l'on nous objecte que la
fraude ne se présume pas, et qu'il sera toujours loisible au mari de faire tomber à la fois l'aveu et toutes
ses conséquences juridiques, en prouvant cette fraude,
nous répondrons qu'il y aurait anomalie à tenir compte
ici d'une objection que nous avons trouvée sans valeur à l'occasion de la délation du serment décisoire
faite à la femme, puisque nous avons décidé qu'elle
ne pouvait l'accepter sans autorisation à raison même
de la fraude que ce moyen était susceptible de dissimuler.

L'autorisation est nécessaire à la femme, quelque
soit son adversaire, alors même que son action est dirigée contre son mari. Ce principe absolu de l'article
215 ne reçoit même pas d'exception, quand, engagée
comme défenderesse dans un procès intenté contre elle
par son mari, elle veut interjeter appel du jugement
de première instance qui la condamne. Nous reconnaissons qu'il est assez étrange d'imposer à la femme
la nécessité de l'autorisation maritale, quand elle at-
trait son mari devant la justice. Car si la femme a recours à ce moyen extrême, c'est que son mari estime
sa prétention mal fondée, autrement il n'y opposerait aucune résistance, un arrangement amiable interviendrait
entre eux qui leur épargnerait les soucis et les vicis-

situdes d'un procès, cause éventuelle de rupture de l'harmonie conjugale. Comment comprendre dès lors que c'est le mari lui-même qui dans cette situation délicate soit appelé à autoriser sa femme à l'attaquer en justice ? Neût-il pas mieux valu, en pareille cas, la dispenser de lui demander son autorisation et d'exiger purement et simplement celle de justice ? Quoiqu'on en dise, l'article 215 est formel. Il ne fait aucune distinction et d'autre part aucun texte de code n'autorise à faire cette distinction. Toutefois il est hors de doute que la femme qui intente une action contre son mari est suffisamment autorisée par le fait que le mari constitue avoué. Par son attitude le mari concourt à l'espèce de quasi-contrat judiciaire par lequel la décision de la question est remise au juge. Il autorise ainsi virtuellement sa femme à procéder comme défenderesse. Nous reviendrons plus amplement sur ce point quand nous traiterons de la forme de l'autorisation.

Enfin l'autorisation maritale est nécessaire quels que soient l'objet et la nature de l'instance. L'article 215 est absolu et ne distingue pas. Ainsi la femme remariée et maintenue tutrice d'enfants nés d'un premier mariage, n'a pas qualité pour plaider sans autorisation, même comme tutrice. Elle a besoin également d'une autorisation pour demander l'interdiction de son mari; sur ce point, on a prétendu que les préliminaires de l'instance ou interdiction constituaient une autorisation de justice implicite. Nous repoussons cette opinion, car si l'autorisation maritale peut-être expresse ou tacite, comme nous le verrons plus loin, il n'en est pas de même de l'autorisation judiciaire. Dans les articles 861 et suivants du code de procédure civile, le

législateur trace les règles à suivre, pour obtenir de la
justice l'autorisation nécessaire à la femme mariée,
quand le mari refuse la sienne ou se trouve dans l'impossibilité matérielle ou légale de la donner, et n'établit d'exception que pour les instances en séparation
de corps ou de biens; si la loi a organisé des formalités
spéciales pour les instances en interdiction, aucun
texte ne permet à la femme d'y procéder sans autorisation. Il faut donc distinguer le droit d'avec l'exercice
du droit. L'article 490 du code civil attribue à la
femme le droit de provoquer l'interdiction de son mari,
mais, quand elle voudra le faire, elle devra se soumettre
aux prescriptions de l'article 215 qui sont générales.
Et qu'on ne dise pas que l'instance en interdiction dirigée contre le mari, est une présomption qu'il n'est
pas en état de donner l'autorisation dont la femme a
besoin. Ce serait résoudre la question par la question.
Tant que le mari n'est pas interdit, il est réputé sain
d'esprit.

La loi n'excepte formellement et limitativement du
principe de la nécessité de l'autorisation préalable que
la demande en séparation de corps ou de biens. L'article 865 du code de procédure soumet en effet ces
deux instances à une procédure préliminaire spéciale
qui consiste pour le demandeur à présenter au président du tribunal une requête à l'effet d'être autorisé à
à suivre l'instance qu'il se propose d'engager contre
son conjoint. Cette autorisation préalable par voie de
requête est exigée aussi bien du mari demandeur que
de la femme demanderesse. La nécessité de l'autorisation du juge en pareil cas ne se rattache en aucune façon à l'incapacité de la femme mariée. Elle résulte du caractère intime des demandes en séparation

de corps ou de biens. Quand c'est la femme qui présente la requête, elle n'a pas besoin d'être autorisée par son mari. L'autorisation donnée par le Président au pied de la requête n'est pas une autorisation de justice proprement dite. Elle en diffère en ce que celle-ci est accordée par le tribunal tout entier et non pas seulement par le Président du siège.

En dehors de ces deux cas l'autorisation est de règle absolue. Cependant il est un cas douteux où l'on se demande si la femme ne peut pas agir contre son mari, sans autorisation. C'est le cas où elle demande la nullité de son mariage. A s'en tenir au texte général de l'article 215, la négative ne saurait être combattue. Mais on fait observer que l'article 215 est applicable aux femmes mariées. Or quelle est la prétention de la demanderesse dans l'espèce proposée ? Elle conclut à la non existence du mariage ; elle s'inscrit en faux contre l'acte de célébration lui-même et prétend qu'aucun lien de droit n'a pris naissance entre elle et son mari. Exiger une autorisation, dit-on, ce serait en quelque sorte préjuger la qualité de femme mariée qu'elle repousse puisque la nécessité de l'autorisation est la conséquence du mariage. On ajoute qu'il serait anormal d'exiger le concours de l'autorisation maritale pour la validité d'un acte dont le but est précisément de détruire l'autorité conjugale, et on argumente par analogie de la situation où se trouvait la femme demanderesse en divorce. Elle était affranchie de la nécessité de l'autorisation, car la permission de citer qu'elle devait obtenir du Tribunal, ne se rattachait pas à sa qualité de femme mariée, puisqu'elle était également imposée au mari demandeur. Nous ne saurions nous rallier à cette théorie, par cette raison que tant que la nullité d'un mariage n'est pas proclamée judiciairement, le mariage est réputé existant. Il produit donc jusqu'à preuve contraire tous les effets d'un mariage inattaquable, la puissance maritale notamment, d'où découle la nécessité de l'autorisation.

B. *La femme est défenderesse au civil.* — Le principe de la nécessité de l'autorisation pour ester en justice est général, avons-nous dit ; il s'applique aussi bien au cas où la femme figure dans l'instance comme défenderesse à une action dirigée contre elle, qu'au cas où elle agit comme demanderesse. Car, répondre à une action, c'est encore là ester en justice. L'article 215 ne distingue pas. Seulement quand la femme est demanderesse, soit en première instance, soit en appel, soit en cassation, c'est par elle que l'autorisation doit être requise, tandis qu'elle doit l'être par son adversaire, quand elle est défenderesse.

Sauf cette différence qui n'a trait qu'à la forme de l'autorisation, tout ce que nous avons dit sur l'autorisation nécessaire à la femme demanderesse au point de vue du régime des biens. de la compétence, des divers degrés de juridiction et de l'objet du procès, s'applique également et pour les mêmes motifs à la femme défenderesse. Rien de surprenant d'ailleurs à ce que la femme poursuivie au civil ne puisse procéder sans autorisation. En effet le refus d'autorisation n'a pas pour résultat de paralyser l'exercice du droit du demandeur, mais il peut devenir dans certains cas une garantie efficace pour la femme toutes les fois par exemple qu'il y aura plus d'avantage pour elle d'être condamnée par défaut que contradictoirement, ce qui arrivera quand la demande étant incontestablement bien fondée, il ne peut surgir aucun doute sur l'issue du procès. En refusant dans ce cas son autorisation et en laissant prendre défaut contre sa femme, le mari lui épargnera des frais de procédure dont elle supporterait exclusivement la charge. Cette considération pécuniaire autant que le sentiment de dignité qui commande de ne pas résister à une demande fondée en droit et en équité, justifient l'interprétation que nous donnons à l'article 215.

Le mari doit donc être mis en cause en même temps que la femme pour autoriser celle-ci. Il n'y a d'exception que lorsque la femme est actionnée par son mari. Et encore, est-ce bien là une exception? La femme, dans l'espèce, est suffisamment autorisée par la demande que son mari dirige contre elle. L'attitude prise par le mari vis-à-vis de sa femme n'équivaut-elle pas, en effet, à une autorisation?

Nous étudierons dans un chapitre spécial que nous consacrerons à l'étude des formes de l'autorisation, comment et à quel moment l'autorisation nécessaire à la femme pour ester en justice doit lui être accordée.

Nous avons posé en principe que, quelque soit le degré de juridiction, la femme défenderesse avait besoin d'être autorisée pour procéder valablement. Il se présente cependant une hypothèse où le doute est permis en présence de la jurisprudence constante de la cour de cassation. Nous posons ainsi la question. L'autorisation est-elle nécessaire à la femme pour plaider en qualité d'intimée sur l'appel interjeté par son adversaire qui a succombé en première instance? Nous adoptons l'affirmative, d'abord parce que l'article 215 est absolu dans ses termes comme dans son esprit, et qu'aucun texte n'établit de distinction entre la femme

appelante et la femme intimée ; en second lieu par
cette considération que la nécessité de l'autorisation
se fait sentir ici aussi bien qu'au cas où la femme dé-
boutée de sa demande en première instance est deman-
derosse en appel. Il se peut en effet, que des pièces
nouvelles et des moyens nouveaux changent la face
du procès et rendent toute défense inutile, ou même
peu digne de la part de la femme. La Cour de Cassation, avons-nous dit, a consacré la doctrine contraire.

Dans un premier arrêt rendu le 1er décembre 1846,
elle décide « que la femme qui a obtenu en première
« instance l'autorisation de justice pour former une
« demande, n'est obligée en cas d'appel de se pour-
« voir d'une nouvelle autorisation que lorsque cet
« appel est formé par elle ; mais que lui demander
« cette autorisation lorsqu'il ne s'agit pour elle que de
« soutenir devant la Cour» d'appel, le droit qui a été
« reconnu en sa faveur par les premiers juges, ce se-
« rait faire tourner contre la femme mariée les articles
« 215 et 216 qui ont pour objet de la protéger ».

Ce raisonnement est spécieux. Car s'il est vrai que
la femme a obtenu gain de cause en première instance,
elle peut se trouver néanmoins exposée à perdre son
procès en appel, par la production de pièces nouvelles
ou de moyens que son adversaire a négligé de faire
valoir devant les premiers juges. La décison dont est
appel, n'est peut être au surplus que la conséquence
d'erreurs purement matérielles. Exiger en pareil cas
que la femme obtienne de nouveau l'autorisation de
son mari ou de justice, c'est lui assurer au contraire le
bénéfice des articles 215 et 216, puisque son intérêt
bien entendu et quelquefois aussi sa propre dignité peuvent lui commander dans certains cas de ne pas conti-

nuer le procès où elle se trouve engagée. Par sa
décision, la Cour suprême semble oublier en outre que
la nécessité de l'autorisation a été organisée moins en
vue de protéger la femme que dans l'intérêt commun
des deux époux et comme sanction de la prépondérance du mari dans l'association conjugale, de sorte
que, même en admettant que les intérêts de la
femme défenderesse en appel n'aient pas besoin d'être
protégés par l'intervention du mari ou de justice, il
faudrait encore admettre cette intervention qui est la
garantie du respect dû à la puissance maritale.

Le second arrêt sur lequel se fonde la jurisprudence
de la Cour de cassation est du 15 mars 1848. Il est ainsi
motivé : « Attendu que si l'autorisation est nécessaire
« à la femme mariée pour former une action, pour inter-
« jeter appel, c'est afin de la préserver d'une tentative
« imprudente et dispendieuse ; qu'il n'en est pas de
« même lorsque la femme a déjà procédé en justice
« avec une autorisation régulière, et qu'ayant obtenu
« un jugement favorable, son adversaire interjette
« appel ; elle est obligée de se présenter, elle a le droit
« de se défendre ; elle ne peut être privée de ce droit
« légitime et sacré ; l'exercice n'en peut être soumis à
« la nécessité d'une nouvelle autorisation.

« Les règles de la hiérarchie sont même d'accord
« avec la raison pour ne pas soumettre au tribunal de
« première instance, la question de savoir si la femme
« ne doit pas comparaître en appel pour soutenir le
« jugement rendu en sa faveur. »

Cet arrêt ne nous paraît pas plus concluant que le
premier. En premier lieu, outre que l'autorisation n'est
pas exclusivement exigée dans un intérêt de protection
à l'égard de la femme, le succès qu'elle a obtenu en

première instance, n'est pas une garantie suffisante pour elle d'une solution favorable en appel, et il est bien possible que sa défense devant cette nouvelle juridiction constitue une tentative imprudente et dispendieuse. En deuxième lieu, à qui fera-t-on croire que le droit de défense en appel est seul légitime et sacré ? La femme actionnée en justice, devant quelque juridiction que ce soit, a toujours le droit de se défendre. Mais l'exercice de ce droit est réglé par l'article 215 qui ne distingue en aucune manière le cas où la femme est actionnée par assignation et celui où elle est actionnée par voie d'appel. Enfin abstraction faite de la question de savoir si l'autorisation doit être donnée par le Tribunal du domicile du mari ou par la Cour d'appel, nous pensons que les considérations de hiérarchie judiciaire, qu'on invoque comme dernier argument, n'ont rien à voir avec la capacité civile des plaideurs ; et s'il est vrai, comme nous l'avons démontré, que la femme intimée a besoin d'être autorisée pour procéder en appel, cette autorisation ne cessera pas d'être nécessaire, parce qu'un tribunal de première instance sera appelé à connaître si la femme, à défaut d'autorisation maritale, doit suivre ou non sur l'instance portée devant la Cour d'appel.

C. *La femme est demanderesse en matière criminelle ou de police.* — Le mot *criminel* employé ici dans une acception étendue comprend les délits proprement dits aussi bien que les crimes.

L'article 216, ne portant « que l'autorisation du mari « n'est plus nécessaire lorsque la femme est poursuivie « en matière criminelle ou de police » conduit à décider par *a contrario* que l'autorisation est nécessaire quand la femme est poursuivante. Mais est-il besoin de recourir à l'interprétation de l'article 216 pour décider que la femme qui joue le rôle de poursuivante devant la juridiction criminelle, correctionnelle ou de simple police a besoin de l'autorisation maritale pour procéder valablement ? La femme, en portant directement devant les tribunaux répressifs l'action civile née des faits délictueux dont elle a souffert, n'est pas poursuivante au sens pénal du mot. Le poursuivant dans l'espèce, c'est le ministère public dont l'intervention est requise pour l'application de la peine, s'il y a lieu. Toute personne qui souffre d'un délit, par exemple, a le choix ou de saisir le tribunal civil d'une action en dommages-intérêts en réparation du préjudice qui lui a été causé, ou bien, si le ministère public ne poursuit pas d'office, de se porter directement partie civile devant la juridiction correctionnelle. Mais dans les deux cas, la victime du délit n'aura d'autre qualité au procès que celle de demanderesse à fins de dommages-intérêts. Le nom de *partie civile* qui lui est donné dans cette hypothèse indique assez le rôle qu'elle joue dans l'instance et le résultat de cette instance à son égard. Elle obtiendra exclusivement la réparation pécuniaire du préjudice dont elle a souffert, et rien autre chose. Si l'auteur du délit est frappé d'une peine, ce n'est point parce que la partie lésée est poursuivante, c'est uniquement à raison de ce que l'action publique ayant été mise en mouvement, le ministère public a conclu à l'application de la loi pénale.

Ce cas rentre donc dans la règle générale de l'article 215 et n'est pas une exception à l'exception réglée par l'article 216.

D. *La femme est défenderesse en matière criminelle ou*

de simple police. — La situation de la femme mariée défenderesse en matière criminelle, correctionnelle ou de simple police, est réglée, ainsi que nous venons de le dire, par l'article 216, qui contient une dérogation au principe de la nécessité de l'autorisation maritale.

Le motif de cette exception est facile à saisir. Quand la femme est poursuivie devant la justice répressive, il importe qu'elle puisse se défendre. C'est pour elle un droit inviolable, dont l'exercice ne saurait être entravé par la nécessité de l'autorisation. Exiger une autorisation dans ce cas particulier eût été puéril, puisque cette autorisation ne peut pas être refusée, sans arrêter le cours de la justice. « L'autorité du mari, dit Portalis, « disparaît devant celle de la loi, et la nécessité de la « défense naturelle dispense la femme de toute forma- « lité. » (Locré, Législ. civ., T. IV, p. 583).

Mais il convient de remarquer qu'il ne suffit pas, pour que l'article 216 soit applicable, que la femme soit poursuivie à raison d'un fait délictueux, il faut que la poursuite ait pour objet direct l'application de la loi pénale ou soit de nature à la provoquer. En d'autres termes, il faut que la poursuite ait lieu devant un tribunal de répression. Ainsi lorsque la partie lésée demande, par une action portée devant le tribunal civil, la réparation du dommage qu'elle a éprouvé, la femme, encore qu'elle soit poursuivie à raison d'un délit, a besoin d'autorisation pour défendre à cette action, parce que la question dont les juges sont saisis est une pure question de dommages-intérêts, et que sauf de très-rares excep- tions, la juridiction civile est incompétente pour appli- quer des pénalités. C'est une instance ordinaire qui rentre dans la règle générale de l'article 215 et non dans l'exception de l'article 216.

Mais s'il est incontestable que l'article 216 est applicable quand les poursuites sont exercées par le ministère public, en est-il de même quand l'action de la partie civile est portée devant la juridiction criminelle ou de simple police?

Deux hypothèses peuvent se présenter :

Ou la partie civile poursuit accessoirement au ministère public, ou elle agit par citation directe et par son initiative met en mouvement l'action publique.

Dans la première hypothèse, les auteurs sont d'accord pour décider que l'autorisation n'est pas nécessaire. Cette solution est rationnelle. Décider le contraire et exiger que la partie lésée assigne le mari à fins d'autorisation, ce serait gêner la défense et créer des entraves à la répression. Ce serait en outre imposer à la partie civile une obligation incompatible avec le droit que lui accorde l'article 359 du Code d'instruction criminelle de former à l'audience même sa demande en dommages-intérêts.

Dans la seconde hypothèse, des auteurs éminents prétendent que l'autorisation est nécessaire. L'article 216, soutiennent-ils, n'a établi une exception à la nécessité de l'autorisation maritale, qu'au cas où la femme est défenderesse à l'action du ministère public ou à la demande de la partie lésée accessoire à cette poursuite ; elle n'affranchit pas de cette formalité la femme directement poursuivie par la partie lésée soit devant le tribunal civil, soit devant le tribunal de justice répressive · « *Exceptio est strictissimæ interpretationis.* » La femme doit donc être autorisée. Nous repoussons cette solution ; d'abord parce que l'article 216 est absolu et ne distingue pas entre le cas où la poursuite a lieu d'office et le cas où elle a lieu par voie de citation dirécte. En second lieu, il importe peu que l'action publique soit mise en mouvement par le ministère public ou par la partie lésée ; dans les deux cas la femme est poursuivie en matière criminelle ou de police, et il y a le même intérêt à ce que la répression et la défense soient dégagées de toute entrave.

Telle est l'étendue de l'incapacité de la femme mariée en ce qui concerne le droit d'ester en jugement. Elle s'applique, sous les restrictions que nous avons faites, à toute espèce de différents alors même que la femme aurait le droit d'administrer ses biens ou qu'elle serait marchande publique et que le litige intéresserait les actes de son administration ou de son commerce.

Notons toutefois que quelque générales que soient les prescriptions de l'article 215, il ne faudrait pas cependant en exagérer la portée. Il faut admettre, en effet, que la femme peut, sans autorisation, faire des actes conservatoires, alors même que le ministère des huissiers serait indispensable. C'est ainsi qu'elle peut faire des sommations, des protêts, pratiquer une saisie-arrêt, requérir l'inscription de son hypothèque légale ou la transcription d'une donation entre-vifs. Quoique susceptibles d'aboutir à une instance judiciaire, de tels actes, ne sont cependant pas des actes judiciaires. Ils sont impérieusement nécessaires pour la conservation du patrimoine de la femme et ne portent d'ailleurs aucune atteinte à la puissance maritale. Mais il est bien entendu que la femme ne peut faire seule que des actes conservatoires et qu'elle devra se faire autoriser pour obtenir en justice le bénéfice de ces actes conservatoires. C'est ainsi qu'elle ne pourra, sans autorisation, dénoncer au débiteur saisi son opposition, parce que cette dénonciation doit contenir assignation et que l'oppsition est un acte introductif d'instance.

SECTION II

DE L'INCAPACITÉ QUANT AUX ACTES JUDICIAIRES

L'article 217 du code civil règle l'incapacité de la femme mariée à l'égard des actes extrajudiciaires. Il est conçu dans les termes suivants :

« La femme même non commune ou séparée de « biens ne peut donner, aliéner, hypothéquer, acquérir « à titre gratuit ou onéreux, sans le concours de son « mari dans l'acte, ou son consentement par écrit. »

Ainsi la femme mariée est incapable d'aliéner et d'acquérir. soit à titre gratuit, soit à titre onéreux. C'est en cela que se résume l'article 217. En effet donner, c'est aliéner à titre gratuit. L'incapacité d'aliéner s'appliquant aussi bien aux aliénations à titre gratuit qu'aux aliénations à titre onéreux, il était superflu d'interdire spécialement à la femme de donner sans l'autorisation du mari. D'autre part hypothéquer c'est encore aliéner, puisque l'hypothèque est un démembrement du droit de propriété.

La femme étant incapable d'aliéner ne peut donc faire ni vente, ni échange, ni donation. Il n'importe au surplus qu'il s'agisse de la propriété elle-même ou de ses démembrements. C'est ainsi que la prohibition d'aliéner entraîne celle d'hypothéquer les immeubles, de les grever de servitudes ou d'usufruit.

On comprend facilement le motif qui a porté le législateur à frapper la femme de l'incapacité générale
d'aliéner soit à titre onéreux, soit à titre gratuit. La
loi a voulu protéger la femme contre des actes qui rendent sa condition pire.

L'aliénation à titre onéreux, en effet, nécessite une
appréciation des avantages qu'on acquiert et des
avantages correspondants dont on se dépouille, tant
au point de vue de l'opportunité de l'opération que du
profit qu'on en pourra tirer, c'est-à-dire tout un ensemble de considérations que la femme, à raison même
de sa fonction toute spéciale et toute intérieure dans
la famille, et de sa répugnance naturelle à traiter les
affaires, est peu accoutumée à envisager pratiquement.
L'admettre à aliéner sans le contrôle et la surveillance
du mari, ce serait donc le plus souvent la mettre à
même de compromettre sa fortune,, celle du mari, et
par suite l'avenir et la sécurité matérielle de la famille.

Quant à l'incapacité de donner, un sentiment de convenance, la dignité de l'association conjugale, la légitime suffisamment en dehors des motifs généraux
que nous venons de présenter. La donation n'étant jamais déterminée que par l'affection du donateur pour
le donataire ou par la reconnaissance de services rendus, il importe au mari de peser les motifs du bienfait
dont la femme veut gratifier le donataire, de rechercher
s'ils sont d'accord avec les convenances et la morale,
afin de l'empêcher au cas où il serait inspiré par une
faiblesse coupable, par un entraînement passionné susceptibles d'être interprétés défavorablement par l'o-
pinion publique. La défense de la loi est absolue à cet
égard ; elle s'étend même au cas où la donation est

évidemment inspirée par les motifs les plus hono-
rables, comme par exemple lorsqu'il s'agit de l'établissement des enfants communs, ou que la femme veut
tirer son mari de prison (art. 1427 code civil).

Mais on comprend moins à première vue que la
femme soit également déclarée incapable de faire sa
condition meilleure par des acquisitions à titre gratuit
ou à titre onéreux. (art. 217). Et cependant les motifs
sont absolument les mêmes. En effet toute acquisition
à titre onéreux correspond nécessairement à une aliénation, autrement elle ne serait pas à titre onéreux.
Pour obtenir la chose qui fait l'objet de l'acquisition,
l'acquéreur a dû faire sortir de son patrimoine une
chose équivalente, sinon de même nature. Il s'est donc
dépouillé ; il a donc aliéné. L'incapacité d'acquérir à
titre onéreux ne serait pas inscrite formellement dans
l'article 217, qu'il faudrait l'admettre comme conséquence de l'incapacité d'aliéner, puisque, ainsi que
nous venons de le voir, l'un des éléments essentiels
et caractéristiques de l'aliénation à titre onéreux, sa
cause déterminante, c'est une acquisition. Il est donc
vrai de dire que l'acquisition et l'aliénation sont les
deux facteurs nécessaires et réciproques de toute opération à titre onéreux, que cette opération soit une
aliénation ou une acquisition.

D'un autre côté, il ne faut pas trouver surprenant
que la loi étende l'incapacité de la femme jusqu'aux
acquisitions à titre gratuit. Car s'il est vrai que la
femme ne puisse tirer, au point de vue pécuniaire,
qu'avantage et profit des donations qui lui sont faites,
les considérations morales qui motivent le concours
exprès ou tacite du mari aux aliénations à titre gratuit, s'imposent d'avantage encore, quand il s'agit de

libéralités offertes à la femme. L'honneur conjugal est également intéressé à ce que les motifs qui ont inspiré ces libéralités ne puissent donner lieu à de fâcheux commentaires.

La femme mariée peut-elle s'obliger sans autorisation ? L'article 217 du Code civil n'en dit rien, bien que la coutume d'Orléans, que Pothier cite comme l'expression la plus exacte de la législation coutumière sur ce point, dispose dans son article 194 que « femme mariée ne peut donner, aliéner, disposer, ni « aucunement *contracter* entre-vifs sans autorisation « et consentement du mari ».

Cette question, on le comprend du reste, n'a d'intérêt que dans les cas où la femme a, dans une certaine mesure, le droit d'aliéner sans autorisation, c'est-à-dire quand elle est séparée de biens ; car toute obligation pouvant conduire indirectement à une aliénation en cas d'inexécution, dès l'instant que l'aliénation n'est pas permise sans autorisation, comme sous le régime de communauté par exemple, il est bien évident que l'obligation ne saurait l'être davantage.

Que décider dans le silence de l'article 217 ? Est-il permis de l'interpréter dans le sens d'une dérogation aux principes suivis dans l'ancien droit ? On l'a soutenu. La capacité est la règle, a-t-on dit, l'incapacité l'exception. L'art. 1124 ne proclame l'incapacité de la femme mariée que dans les cas prévus par la loi ; or l'art. 217 qui énumère les cas d'incapacité de la femme est muet à l'égard des obligations. Si les rédacteurs du Code, ajoutent-ils, avaient voulu étendre l'incapacité de la femme jusqu'aux obligations, ils n'auraient pas repoussé une proposition tendant à faire insérer cette capacité dans l'art. 217. Mais considérant

l'incapacité de s'obliger comme un corollaire de l'incapacité d'aliéner, les partisans de cette doctrine enseignent que la femme devient capable de s'obliger
valablement sans autorisation dans les cas où elle peut
aliéner sans autorisation et ils concluent que la femme
séparée de biens et la femme dotale en ce qui concerne ses paraphernaux pouvant librement aliéner leur
mobilier, peuvent également s'engager dans la même
mesure, c'est-à-dire en tant que leur obligation n'entraîne que l'aliénation de leur mobilier.

Ces arguments ne nous paraissent pas décisifs et,
malgré le silence de l'art. 217, nous pensons qu'il
existe pour la femme mariée une incapacité de s'obliger
distincte de l'incapacité d'aliéner, applicable par conséquent aussi bien à la femme commune qu'à la femme
séparée.

Nous appuyons notre théorie sur l'art. 217 lui-
même En effet l'obligation est à titre gratuit ou à
titre onéreux. Qu'est-ce que s'obliger à titre gratuit,
sinon faire une donation ? D'un autre côté, l'obligation
à titre onéreux ne suppose-t-elle pas nécessairement
l'acquisition d'une chose équivalente ? Or nous savons
que la femme mariée, fût-elle séparée de biens, ne peut
ni donner ni acquérir sans autorisation. Donc l'autorisation lui est nécessaire pour s'obliger soit à titre gratuit, soit à titre onéreux.

Outre cet argument tiré de l'art. 217, il suffit d'analyser les articles qui suivent pour en dégager la
pensée manifeste du législateur. Elle ressort notamment de l'art. 220. En permettant à la femme marchande publique de s'obliger sans l'autorisation de son
mari, pour tout ce qui concerne son négoce, cet article,
malgré l'erreur de rédaction qu'il contient et que nous

relèverons dans un instant, signale une dérogation
à une règle générale. Qui ne voit que cette règle générale n'est rien autre chose que l'incapacité pour la
femme de s'obliger sans autorisation ? Autrement à
quoi bon affranchir spécialement la femme mariée du
contrôle marital, quand elle est marchande publique,
si elle y était affranchie de par le droit commun. De
plus les articles 221, 222, 224, délarent la femme mariée incapable de *contracter* sans autorisation. La généralité de ce terme ne saurait laisser aucun doute
dans les esprits. Il embrasse aussi bien les obligations
que tout autre contrat.

Au surplus l'art. 1124 n'a pas le sens qu'on veut lui
donner. Cet article proclame tout d'abord un principe,
à savoir que la femme mariée est incapable de contracter ; puis il énonce une restriction en ajoutant ces
mots : « dans les cas exprimés par la loi. » Mais cette
restriction, bien que s'appliquant à la femme séparée,
se lie nécessairement à l'interprétation de l'art. 1449
qui dispose que la femme séparée, soit de corps, soit
de biens, reprend la libre administration de son patrimoine, et ne préjuge en rien la question de savoir si
la femme séparée peut s'obliger sans autorisation. Il
fait allusion, selon nous, au droit qu'a la femme de s'o-
bliger sans autorisation dans la limite des besoins de
son administration, comme conséquence du droit d'administrer sans autorisation que lui reconnaît l'article
1449.

Je m'explique.

La femme séparée étant investie par l'art. 1449 du
droit d'administrer ses biens, elle doit nécessairement
être investie du droit de s'obliger, dans les limites de
son administration. La démonstration en est facile.

Administrer un patrimoine. c'est faire tous les actes nécessaires à la conservation et à la prospérité de ce patrimoine. Or, pour couvrir les frais nécessités par de tels actes, il faut bien que la femme emprunte, s'oblige, si elle n'a pas *hic et nunc* les fonds nécessaires. Prenons un exemple : La femme possède un héritage rural qu'elle exploite. Supposons que les économies qu'elle réalise sur ses revenus annuels s'élèvent à 5000 francs. Elle les accumule pendant trois années. Les valeurs mobilières, je le suppose encore, sont à un taux élevé ou d'une sécurité douteuse. Une bonne occasion se présente ; on lui offre pour 20,000 francs une propriété d'une valeur de 30,000 francs. Elle n'a que 15,000 francs de disponible dans notre hypothèse. Pourra-t-elle par exemple, acheter cet immeuble à crédit pour les 5,000 francs de surplus? Oui, selon nous. Car les revenus de l'année courante qu'elle est peut-être sur le point de réaliser. lui permettront de combler l'écart qui existe entre la somme dont elle dispose et le prix de l'immeuble.

Pourra-t-elle également, à supposer que la récolte s'annonce mal, et que les produits de l'année ne paraissent pas susceptibles de parfaire cet écart, contracter un emprunt de pareille somme ? Nous n'hésitons pas à nous prononcer pour l'affirmative, et à considérer cette acquisition d'immeuble faite à crédit pour partie; et l'emprunt qui en est la conséquence, comme un acte d'administration et même comme un acte de bonne administration. A plus forte raison, reconnaissons-nous à la femme le droit de s'obliger dans le but de faire face à des réparations urgentes.

Le droit d'administration implique donc pour la femme séparée celui de s'obliger sans autorisation, mais seulement dans la limite d'une sage et profitable administration, et sans qu'on ait besoin de considérer ce droit comme la conséquence du droit qu'elle a d'aliéner son mobilier sans autorisation. S'il s'élève des difficultés au sujet de la capacité de la femme en cette matière, leur solution doit être subordonnée à la nature de l'acte critiqué.

S'agit-il d'un acte d'administration? La femme a pu valablement le faire sans autorisation. L'acte critiqué a-t-il un caractère différent? cache-t-il, par exemple, un moyen détourné de satisfaire à des dépenses somptuaires? Il est nul dans ce cas, la femme n'étant relevée de son incapacité que dans la limite des exigences d'une bonne administration.

Mais lorsque la femme séparée a contracté sans autorisation dans cette limite, quelle est l'étendue du droit du créancier? A-t-il pour garantie les immeubles comme les meubles de sa débitrice? En d'autres termes peut-il invoquer le bénéfice du droit commun inscrit dans l'art. 2092?

Pour ceux qui ne voient dans le droit qu'a le femme séparée de s'obliger sans autorisation que la conséquence du droit qu'elle a d'aliéner son mobilier sans autorisation, les obligations de la femme, qu'elles soient déterminées ou non par l'administration de ses biens, ne sont jamais exécutoires que sur son mobilier. Considérant la garantie accordée aux créanciers par l'art. 2092 comme la conséquence et la sanction d'une sorte de convention tacite, essentielle au contrat lui-même, ils se prévalent de l'art. 1449 qui refuse à la femme le droit d'aliéner ses immeubles sans autorisation, pour décider qu'elle n'a pu conférer à ses créanciers un droit plus étendu que le sien. La défense formulée dans cet article, ajoutent-ils, est d'ailleurs absolue et générale. Elle s'applique même selon eux, bien plus à l'aliénation indirecte résultant d'une obligation, qu'à l'aliénation directe, par cette raison que le danger des aliénations indirectes est toujours plus grand pour la femme qui, n'en prévoyant pas *hic et nùnc* les conséquences, se laisse plus facilement entraîner à consentir les obligations qui y aboutissent.

La théorie que nous avons adoptée ne nous permet pas d'accepter ces conséquences. Pour nous, l'obligation contractée par la femme dans la mesure de son administration est valable, et, comme telle, elle doit produire l'effet de toute obligation valable, et donner pour garantie au créancier les immeubles comme les meubles de sa débitrice.

Notre solution ne présente pas du reste les inconvénients que les partisans de la doctrine contraire veulent y voir. Quand les créanciers de la femme poursuivront la vente de ses immeubles en exécution du droit que leur confère l'art. 2092 du Code civil, les juges rechercheront si la dette a été contractée à l'occasion d'un acte d'administration, et dans le cas de l'affirmative seulement ils déclareront que l'exécution des obligations contractées par la femme peut être poursuivie sur ses immeubles. En un mot, l'aliénation indirecte ne peut être faite que devant la justice, à la différence de l'aliénation directe qui peut être faite à l'amiable. C'est là une garantie suffisante contre l'inexpérience et les entraînements irréfléchis de la femme.

Cette solution a de plus le mérite de ne pas contrarier l'exercice utile du droit d'administration accordé à la femme séparée. En attribuant à la femme séparée le droit d'administrer ses biens, il fallait lui en fournir les moyens. Enlever à ses créanciers la garantie de l'art. 2092, c'eût été paralyser son crédit, c'eût été même, dans certains cas, consacrer des conséquences dangereuses. C'est ainsi que les créanciers que la loi favorise le plus, ceux à qui elle attribue privilége sur les meubles et subsidiairement sur les immeubles, se verraient primés, en l'absence de meubles dans le patrimoine de la femme, par les créanciers moins favorables mais qui seraient munis de l'autorisation maritale. Que si l'on objecte qu'il est facile aux créanciers de parer à ce danger en exigeant eux-mêmes l'autorisation du mari, nous répondrons que le droit de libre administration accordé à la femme deviendrait lettre morte si ses créanciers étaient obligés, sous peine de se voir privés du bénéfice de leurs priviléges, d'exiger qu'elle fût autorisée, pour les actes qu'elle passe avec eux, dans la limite des besoins de son administration. Il en serait de même en cas d'acceptation bénéficiaire de la succession immobilière par les héritiers de la femme qui pourraient légalement se refuser à acquitter les créances héréditaires à défaut d'actif mobilier.

L'objection la plus sérieuse qu'on puisse opposer à notre système consisterait à demander pourquoi, étant donné le droit que nous reconnaissons à la femme d'engager valablement tous ses immeubles à l'exécution de ses obligations, l'article 217 lui refuse celui d'affecter spécialement par hypothèque un de ses immeubles au paiement de sa dette, si elle n'y est valablement autorisée par son mari? Cela nous paraît tenir à deux raisons. La première, c'est que l'hypothèque déprécie en fait la valeur vénale du bien qui en est affecté et diminue le crédit du débi-

7

teur. Le mari est donc intéressé à en apprécier l'opportunité et à refuser son autorisation au cas où la constitution de cette garantie spéciale lui paraîtrait contraire aux intérêts de sa femme et de nature à préjudicier à son crédit. La seconde, c'est que l'affectation spéciale d'un bien au paiement d'une dette n'est pas une condition essentielle de cette obligation, dès l'instant que le patrimoine entier du débiteur en répond.

Pour démontrer que la femme séparée pouvait s'obliger dans les limites d'une sage et utile administration, nous avons pris pour exemple le cas où elle contracte un emprunt pour parfaire le prix d'acquisition d'un immeuble auquel elle applique, jusqu'à due concurrence, le montant de ses revenus accumulés et tout en établissant que ce droit dérivait du droit d'administration que lui confère l'art. 1449, nous avons décidé accessoirement que l'acquisition immobilière elle-même était valable sans autorisation. A première vue cette solution paraît contraire au principe absolu de l'art. 217 qui déclare la femme mariée incapable d'acquérir seule, soit à titre gratuit, soit à titre onéreux. Et cependant elle résulte des considérations juridiques que nous avons développées à l'appui de l'étendue qu'il faut attribuer à l'administration de la femme séparée, et se lie conséquemment à l'interprétation de l'article 1449.

En effet le but et le résultat de l'administration des immeubles ruraux, par exemple, c'est d'obtenir des produits en nature; un des compléments naturels de cette administration, c'est d'échanger ces produits contre des équivalents, contre du numéraire, le plus souvent. Mais cet échange de produits contre du numéraire, constituant pour la femme une acquisition à titre onéreux, acquisition motivée par les besoins et dans l'intérêt bien entendu de son administration, nous sommes conduits à admettre que, dans cette limite, la femme peut acquérir à titre onéreux du numéraire. Allons plus loin. L'argent est improductif par nature; l'aliéner contre des valeurs mobilières d'un rapport sûr et avantageux, c'est sans conteste faire un acte de bonne administration. La femme peut donc, en vertu de l'art. 1449, acquérir des valeurs mobilières, telles que rentes sur l'Etat ou actions industrielles. C'est également faire un acte de bonne administration que d'échanger son argent ou ses valeurs contre un immeuble offert à bon compte, quand les placements mobiliers sont dangereux ou les valeurs en portefeuille susceptibles d'éprouver une baisse considérable. Nous sommes donc logiquement amenés à décider que l'acquisition d'un immeuble peut constituer un acte d'administration. En cas de difficultés, les juges auront à apprécier si telle ou telle acquisition d'immeubles a ou non le caractère d'un acte d'administration.

Une question plus délicate et se rattachant au droit accordé à la femme séparée de disposer librement de son mobilier est celle de savoir si elle peut sans autorisation acheter un droit d'usufruit ou de rente viagère.

Nous la croyons incapable à cet égard. L'art. 1449 § 2 donne bien à la femme séparée la libre disposition de son mobilier et ne la soumet dans l'exercice de ce droit à aucune restriction légale; mais ce paragraphe, ainsi que nous l'avons expliqué plus haut, n'est que le corollaire et le commentaire du paragraphe précédent qui ne vise que les actes d'administration. C'est

donc dans cette limite que la femme peut seule aliéner
son mobilier. Or il est incontestable que l'échange de
capitaux ou de valeurs mobilières contre un droit
d'usufruit ou un droit de rente viagère, sort des bornes
d'une administration bien entendue à raison du caractère aléatoire de ces sortes de contrats. C'est plus à
notre sens qu'un acte de mauvaise administration,
c'est une aliénation ordinaire, définitive, dans laquelle
l'appréciation des équivalents nécessite une expérience
consommée, et par suite l'intervention du mari. En
outre le but plus ou moins égoïste que poursuit la
femme en réalisant de telles opérations suffit pour les
rendre défavorables.

La femme peut-elle, sans autorisation, contracter
des obligations étrangères à l'administration de ses
biens?

L'interprétation que nous avons donnée de l'art.
1449 nous défend de trancher la question dans le sens
de l'affirmative. L'art. 217, en effet, est formel. Il
déclare la femme incapable d'aliéner et d'acquérir, soit
à titre gratuit, soit à titre onéreux, et par voie de
conséquence il lui interdit de s'obliger. S'il est vrai
que l'art. 1449 apporte une dérogation à cette règle,
nous savons quelles en sont les limites. Le premier
paragraphe confère à la femme un droit d'administration; les deux autres développent et complètent le
premier. Le deuxième accorde à la femme le droit de
disposer de ses meubles; le troisième décide qu'elle ne
peut aliéner ses immeubles sans autorisation; mais ces
trois paragraphes se rapportent au même objet et pré-
cisent l'étendue des pouvoirs que le droit d'administration attribue à la femme séparée sur ses biens. Ils

ne touchent en rien à sa capacité ordinaire, qui, dès lors, se trouve réglée par le principe de l'art. 217.

La femme ne peut donc contracter ni bail, ni emprunt, ni consentir un prêt, quand ces actes sont étrangers à son administration; mais elle peut recevoir des sommes qui lui sont dues, car c'est là un acte de simple administration.

Pour nous résumer, nous dirons que la femme séparée peut librement s'obliger, de même qu'elle peut librement aliéner son mobilier, dans la limite des besoins de l'administration de ses biens et que les obligations contractées dans cette limite sont exécutoires sur ses immeubles aussi bien que sur ses meubles. Mais si la femme séparée est capable, aux termes de l'art. 1449, de disposer librement de ses meubles, sa capacité ne s'étend pas jusqu'à en disposer à titre gratuit, car il est impossible de considérer la donation comme un acte d'administration, quelque étendu que soit le droit de l'administrateur.

Mais le droit de disposer du mobilier sans autorisation comprend celui de transiger sur les questions litigieuses qui intéressent ce mobilier. Transiger, en effet, c'est terminer par des concessions réciproques une contestation née ou prévenir une contestation à naître. La transaction n'a donc pas, en droit, le caractère d'un acte à titre gratuit, bien que souvent, en fait, elle puisse cacher une donation. La femme, n'eût-elle obtenue, en échange de la concession qu'elle a consentie, que la renonciation par l'autre partie au droit de plaider, qu'il faudrait encore la considérer comme ayant été partie à un contrat à titre onéreux; et comme sa capacité est suffisante pour transiger, puisque l'art. 2045 n'exige que le droit de disposer des objets compris dans la transaction, sans exiger celui de disposer à titre gratuit, elle peut donc valablement transiger sans autorisation sur les questions mobilières qui ne dépassent pas les bornes de son administration.

On ne saurait cependant pas assimiler le droit de compromettre au droit de transiger, bien que l'article 1003 du Code de procédure civile mesure la capacité de compromettre sur la capacité de disposer. Cela tient au caractère différent du compromis et de la transaction. La femme qui transige apprécie le sacrifice qu'elle fait, car elle peut peser les avantages qu'elle reçoit, en échange des avantages dont elle se dépouille. Elle se détermine donc en connaissance de cause. Il en est autrement de celui qui compromet. A raison de son caractère et de sa portée, le compromis ne saurait être regardé comme un acte d'administration alors même qu'il porterait exclusivement sur les meubles de la femme séparée. En effet, en remettant à un tiers la décision de la contestation, la femme s'engage à l'avance à accepter le sacrifice qui lui sera imposé, sans en pouvoir mesurer l'étendue. Le compromis est donc un acte plus grave que la transaction. La loi le considère bien comme tel, en fixant dans l'article 1989 du Code civil l'étendue du mandat. Après avoir dit que le mandataire ne peut rien faire au-delà de ce qui est porté dans son mandat, elle ajoute aussitôt que le pouvoir de transiger ne renferme pss celui de compromettre. D'ailleurs compromettre, c'est en quelque sorte engager un procès, débattu en première instance devant des juges choisis par les parties, et en appel devant un tribunal civil. Le compromis se résout donc en un jugement, et nous savons que la femme est incapable d'ester en jugement sans autorisation devant un tribunal régulièrement constitué. Comment serait-elle admise à ester librement en jugement devant une juridiction anormale, laquelle ne saurait présenter pour elle les mêmes garanties de savoir et d'expérience?

Quelle est la valeur du mandat donné ou reçu par la femme sans autorisation?

D'abord peut-elle valablement donner un mandat sans être spécialement autorisée à cet effet? Oui et non. Oui, si le mandat porte sur des actes relatifs à l'administration de ses biens. Non, s'il a pour objet des obligations ou des aliénations étrangères à cette administration. Cela tient au caractère et aux effets du mandat dans notre législation.

A la différence du mandataire romain, le mandataire français n'est que l'intermédiaire de la volonté du mandant auprès des tiers, et par suite les effets des actes passés par le mandataire au nom du mandant se réalisent activement et passivement dans la personne de ce dernier. C'est donc la capacité du mandant qui, chez nous sert de critérium et de mesure à la validité des actes consentis en exécution du mandat. La femme ne pouvant aliéner son mobilier ni s'engager que dans la limite des besoins de son administration, ne peut conséquemment donner de mandat valable que dans cette limite.

En second lieu la femme mariée peut-elle, sans autorisation accepter un mandat? L'affirmative n'est pas douteuse et il y a lieu de décider que l'incapacité de la femme mariée ne s'applique pas à l'acceptation d'un mandat, en ce sens du moins que les actes faits par la femme en exécution du mandat engagent le mandant et les tiers comme s'ils avaient été faits par un mandataire pleinement capable de s'obliger.

Etant donné le caractère juridique du mandat fran-

çais, il importe peu en effet que le mandataire soit ou
non capable de manifester valablement sa volonté. Les
droits et les obligations résultent de l'accord de volonté des parties et les parties sont d'une part le mandant, et d'autre part les tiers avec lesquels le mandataire a traité en son nom. Par l'exécution du mandat
qu'elle a accepté, la femme ne sera donc engagée ni à
l'égard des tiers, ni même à l'égard du mandant, si
ce n'est dans la mesure de son enrichissement et seulement comme conséquence du principe que nul n'est
admis à s'enrichir aux dépens d'autrui.

Disons en passant que c'est à l'idée de mandat légal
que se rattache l'explication de l'art. 905 du Code civil
qui confère à la femme le droit d'accepter sans autorisation la donation faite à son enfant mineur.

A propos du mandat conféré à la femme, une question se présente souvent dans la pratique qui mérite
de fixer notre attention.

En fait, et à de très rares exceptions près, c'est la
femme qui a la direction du ménage. C'est elle qui
règle les fournisseurs, qui achète les objets de première nécessité, tels que la nourriture, l'habillement et
le chauffage. Agit-elle en son nom personnel ou au
nom de son mari?

La solution de cette question varie avec le régime
adopté par les époux.

La femme est-elle mariée sous le régime de la communauté, sous le régime sans communauté, ou même
sous le régime dotal sans paraphernaux? C'est au
mari de payer les dépenses faites par la femme dans
l'intérêt commun du ménage, parce que ces différents
régimes attribuant au mari seul l'administration et la
jouissance de tous les biens de la femme, on présume

ici que les dépenses indispensables à l'entretien de la
famille sont faites du consentement du mari. C'est
en vertu d'une sorte de mandat tacite que la femme,
plus entendue et mieux placée que le mari pour apprécier les besoins du ménage et y pourvoir, traite
avec les fournisseurs. Aussi devons-nous décider que,
chaque fois qu'elle aura contracté dans cette limite,
la femme ne sera pas personnellement engagée. Le
mari sera seul tenu de régler le prix de ces fournitures, bien qu'il ne les ait pas expressément autorisées,
pourvu toutefois qu'elles s'accordent avec la position
de fortune des époux.

Mais il faut décider que les fournitures étrangères à
l'entretien de la famille, ou même les fournitures de
ménage excessives ne donneront aux fournisseurs,
aucune action ni contre le mari, ni contre la femme
qui aura agi sans autorisation, à moins que le
mari n'en ait retiré quelque profit. D'abord ils n'auront pas d'action contre le mari, car sa femme n'a pu
l'obliger que dans la limite du mandat tacite qu'elle
tient de lui, c'est-à-dire dans la limite des besoins du
ménage. Il n'auront pas davantage d'action contre la
femme, car elle ne s'est pas engagée personnellement,
à défaut d'autorisation.

Remarquons que sous ces trois régimes, il n'y a
pas lieu de distinguer si la femme a traité au nom de
son mari ou en son nom personnel. A supposer même
qu'elle se fût présentée à ses fournisseurs comme fille
ou veuve et qu'elle eût été jusqu'à employer des manœuvres frauduleuses pour les induire en erreur, en
prenant un faux nom, par exemple, elle ne serait pas
tenue à raison des obligations qu'elle a contractées,
ces obligations étant nulles. Car, ainsi que nous le

verrons plus loin, quand nous' traiterons des
effets du défaut d'autorisation, la loi, en annulant les
actes faits par la femme non autorisée, ne distingue pas
si ces actes sont le résultat du dol, de la fraude ou de
l'erreur. Il est bien évident que si la femme a commis
quelque faute délictueuse, préjudiciable aux intérêts
d'autrui, elle devra réparer le dommage causé, mais
la réparation dont elle est tenue et la conséquence du
délit ou du quasi-délit qui lui est imputable, et non
la sanction de l'inexécution de l'obligation indûment
contractée.

Supposons enfin que la femme soit mariée sous le
régime dotal, avec paraphernaux ou sous le régime
de la Séparation de biens. Comme elle est alors investie de l'administration et de la jouissance de ses
biens, il y a lieu de rechercher si elle a agi pour son
compte personnel ou comme mandataire de son mari.
Si la dépense est faite dans l'intérêt commun du ménage, la femme n'est pas personnellement tenue ;
elle n'est que la mandataire tacite de son mari. Mais
elle sera seule obligée, quand la dette aura été contractée dans son intérêt exclusif. En effet, l'idée du
mandat tacite de la part du mari ne saurait être invoquée en pareil cas. La femme a qualité pour administrer ses biens, pour en toucher les revenus qu'elle
emploie à son gré. La dépense qu'elle a faite n'intéressant pas le ménage et le mari y étant resté
complètement étranger, le fournisseur n'aura d'action
que contre la femme, pourvu toutefois qu'elle ait
contracté dans la limite des besoins de son administration.

En cas de séparation de biens accessoire à la séparation de corps, la femme ne peut jamais être présumée

mandataire de son mari. La vie commune ayant cessé de droit, les dépenses faites par la femme lui seront toujours personnelles et n'obligeront qu'elle seule.

En résumé, si la femme ne s'est pas réservée par son contrat de mariage, le droit d'administrer ses biens en tout ou en partie, son incapacité est absolue. Elle ne peut faire aucun acte, soit de disposition, soit même d'administration susceptible de produire un effet de droit pour ou contre elle ; que si au contraire elle a stipulé cette réserve, elle est encore incapable en principe, mais son incapacité n'est plus que relative à certains actes. Incapable de faire des actes de disposition, elle devient capable de faire tous les actes se référant à son administration, mais seulement dans la limite qu'exige l'intérêt bien entendu de cette administration.

Pour compléter notre étude sur ce point, il nous reste à examiner si la règle de l'autorisation maritale est étrangère aux obligations dont la validité n'est pas subordonnée à la capacité personnelle de l'obligé, c'est-à-dire aux cas où la femme est obligée par ses délits, par ses quasi-délits, par la loi, ou par ses quasi-contrats.

En d'autres termes la femme, incapable de s'obliger sans autorisation, ainsi que nous venons de le voir, peut-elle valablement *être obligée* sans autorisation ?

Et d'abord la femme est-elle obligée par ses délits ? L'affirmative n'est pas douteuse. Ce serait en effet une violation flagrante de l'article 1382 que de priver les tiers de tous recours contre l'auteur du préjudice qu'ils ont éprouvé, par la raison que cet auteur serait une femme mariée, et en cas de vol notamment, de permettre à celle-ci de conserver intact son patrimoine

alors que ce patrimoine s'est peut-être enrichi du produit du vol.

Nous en dirons autant des quasi-délits imputables à
la femme. La loi, malgré la faveur dont elle entoure
le mineur, le rend néanmoins civilement responsable
de ses délits et quasi-délits, en disposant dans l'article
1310 du code civil, qu'il n'est point restituable contre
les obligations qui en résultent. Comment admettre
dès lors une exception en faveur de la femme, quand
elle n'est inscrite nulle part et qu'elle est à la fois
aussi contraire aux principes les plus élémentaires du
droit qu'aux prescriptions de la morale? Au surplus,
l'art. 1424 tranche la question en ce qui concerne les
délits. Il déclare que les amendes encourues par la
femme peuvent s'exécuter sur la nue propriété de ses
biens pendant la communauté.

Quoique tenue à raison de ses délits et de ses quasi-
délits, la femme ne peut, sans autorisation, fixer par
transaction le montant des dommages-intérêts qu'ils
sont susceptibles de lui faire encourir.

La femme peut également se trouver valablement
engagée en dehors de toute autorisation, lorsqu'il
s'agit d'une obligation qui procède directement de la
loi. Telle est l'obligation de gérer une tutelle à laquelle
la femme a été appelée, et de répondre soit du défaut
de gestion, soit de la mauvaise gestion de cette
tutelle.

Quant aux quasi-contrats, la question nous paraît
plus délicate.

On a soutenu que le principe de la nécessité de
l'autorisation était exclusivement relatif aux obligation conventionnelles en se prévalant de l'art. 217 qui

suppose un *acte* auquel le mari concourt, de l'art. 219
qui emploie la même expression, *passer un acte*, des
articles 221, 222, 224, qui en cas de condamnation à
une peine afflictive ou infamante, d'interdiction, d'absence ou de minorité du mari, imposent à la femme
la nécessité de l'autorisation judiciaire, soit pour ester
un jugement, soit pour *contracter*, et enfin de l'article
1124 qui déclare la femme incapable seulement de
contracter.

On comprend, disent les partisans de ce système,
que les tiers ne puissent se prévaloir de l'incapacité
de la femme avec qui ils ont contracté. Etant parties
au contrat, ils sont réputés s'être assurés de sa capacité de s'obliger, et sont en faute de ne l'avoir pas
fait. Mais peut-il en être de même quand il s'agit de
quasi-contrats? Comment, dit-on, faire dépendre de la
capacité des personnes, la validité d'un engagement
qui n'a point son origine dans leur volonté? Lorsque,
par exemple, par un motif d'ordre public, d'intérêt
général, un tiers a agi pour la femme? Décider que ce
tiers, devenu créancier de la femme, sans le fait de
celle-ci, n'aura aucun recours contre elle, ce serait le
rendre victime d'une incapacité dont il n'a pu se garantir. Aussi décident-ils qu'à raison de cette intervention toute spontanée et pour ainsi dire nécessaire des
tiers en vue de protéger les intérêts en souffrance de
la femme, cette dernière se trouve obligée indépendamment de sa volonté. L'obligation dont elle est
tenue dans ce cas, dérive selon eux de la loi et non de
la capacité des parties. Tous les auteurs sont d'ailleurs d'accord pour reconnaître que la femme peut
s'obliger par ses délits ou par ses quasi-délits; pourquoi donner une solution différente quant aux quasi-

contrats ? (Toullier II, n° 627, Valette sur Proudhon I. p. 463),

Nous ne pensons pas que les textes aient la portée qu'on leur attribue. En instituant la nécesessité de l'autorisation maritale, le législateur a voulu consacrer l'unité de direction, essentiellement indispensable à la protection et à la prospérité des intérêts collectifs de l'association conjugale. Il a donc dû empêcher la femme d'accomplir seule les actes susceptibles de compromettre son patrimoine, et par contre-coup l'avenir matériel de la famille ; aussi le code ne se borne-t-il pas à lui interdire seulement les contrats, mais il lui interdit également les aliénations et les acquisitions. Notre théorie peut donc se résumer ainsi: nous exigeons l'autorisation du mari, chaque fois que la femme joue, par son fait personnel, un rôle actif dans les opérations qui intéressent son patrimoine ; nous décidons au contraire que cette autorisation n'est pas indispensable à la validité des obligations, à la formation desquelles elle est restée étrangère, puisque se trouvant obligée indépendamment de sa volonté, le but de la loi n'est plus atteint, et qu'il n'est plus dès lors question de restreindre sa capacité par la nécessité de l'autorisation.

Appliquant cette théorie aux quasi-contrats, nous dirons qu'il y a lieu de distinguer si les obligations qu'ils engendrent résultent du fait de la femme, ou si elles résultent du fait d'un tiers. Dans le premier cas, nous déciderons que la femme n'est tenue qu'autant qu'elle a été autorisée, tandis qu'elle est toujours obligée dans le second, indépendamment de toute autorisation.

Prenons l'exemple de la gestion d'affaires pour bien faire comprendre notre distinction.

Deux cas sont à distinguer: celui ou la gestion émane d'un tiers et celui où cette gestion émane de la femme.

Lorsqu'un tiers a géré les affaires de la femme, quelle action peut-il exercer contre elle ? Si la gestion a été bonne et profitable, il est bien certain qu'il pourra réclamer ses frais de gestion, par cette raison qu'il n'est permis à personne de s'enrichir aux dépens d'autrui.

Mais que décider si le profit qu'elle a retiré a été plus tard détruit par un cas fortuit ? Nous pensons également que la femme est obligée de rembourser au gérant l'équivalent de l'utilité que la gestion avait pour elle au moment où elle a été accomplie ; car c'est au moment de la gestion que l'obligation a pris naissance et il est de principe qu'une obligation ne peut s'éteindre juridiquement que par un mode d'extinction normal et régulier, et non par le cas fortuit qui est absolument indépendant de la volonté des parties. C'est donc l'action *negotiorum gestorum* et non l'action *de in rem verso* qu'il convient d'accorder au gérant. Du reste cette solution ne peut-être que profitable à la femme. Il importe que lorsque ses intérêts sont en souffrance, et qu'elle néglige de les sauvegarder elle-même, les tiers ne soient pas écartés de la gestion par la crainte de se voir privés de tout moyen de recours contre elle pour le remboursement de leurs avances. Quel risque la femme court-elle, au surplus, puisque le gérant n'a d'action que pour les dépenses utiles ? S'il est vrai qu'elle puisse être privée, par suite d'accidents ou d'événements imprévus, des avantages que la gestion était destinée à lui procurer, ce sont là des cas fortuits auxquels le gérant est resté étranger et il est équitable autant que juridique que la femme en supporte les conséquences.

Dans l'hypothèse inverse, c'est-à-dire quand la femme a géré sans mandat et sans autorisation du mari, l'affaire d'autrui, est-elle obligée à l'égard des tiers? L'est-elle à l'égard du maître?

A l'égard des tiers, elle n'est certainement pas obligée. Les tiers auraient dû s'abstenir de traiter avec une femme mariée non autorisée. Ils sont en faute d'avoir traité avec une personne incapable et n'ont contre elle que l'action *de in rem verso*.

La femme ne sera pas davantage obligée envers le maître, si ce n'est par l'action *de in rem verso*. Certains auteurs basent cette décision sur l'article 1372, 2° aux termes duquel celui qui gère l'affaire d'autrui se soumet envers le maître à toutes les obligations qui résulteraient d'un mandat exprès que celui-ci lui aurait donné, ce qui exclut selon eux la validité de l'obligation de la femme puisqu'un mandat exprès accepté et rempli par elle sans autorisation ne l'aurait pas obligée.

Nous ne pensons pas que ce texte puisse être invoqué ici. Le deuxième aliéna de l'art. 1372, en effet, a pour but exclusif de déterminer l'étendue de l'obligation du gérant et nullement d'assimiler la capacité d'être obligé par la gestion à la capacité d'être obligé par le mandat. Nous rattachons l'incapacité de la femme de gérer valablement l'affaire d'autrui sans autorisation à la théorie générale que nous venons d'exposer. L'immixtion de la femme dans les affaires d'autrui constitue un fait volontaire, personnel de sa part, et qui motive conséquemment l'intervention et le contrôle de son mari.

Telle est la véritable raison de décider selon nous. Il va de soi, bien entendu, que si la femme est en faute, si la gestion a été téméraire et désavantageuse, elle commet un quasi-délit qui engage sa responsabilité dans la mesure du préjudice causé.

Dans le cas de paiement de l'indû fait à la femme, l'auteur du paiement n'a contre elle qu'une action *de in rem verso*, et il n'y a pas à distinguer si la femme a ou non l'administration de ses biens, car dans aucun cas elle n'a capacité suffisante pour recevoir le paiement de ce qui ne lui est pas dû.

Pour nous, qui estimons que l'héritier n'est saisi que sous la condition suspensive de son acceptation, nous rangerons l'adition d'hérédité parmi les quasi-contrats, bien que la loi soit muette sur ce point. Il nous paraît, en effet, impossible d'expliquer les effets attachés à la qualité d'héritier autrement que par l'idée d'un quasi-contrat.

L'adition d'hérédité par la femme, étant un fait personnel de sa part, susceptible de produire des effets de droit pour ou contre elle, notre théorie nous conduit à décider qu'elle devra être pourvue de l'autorisation maritale pour le faire valablement. L'art. 776 du code civil fait d'ailleurs de l'autorisation du mari une condition expresse de la validité de l'adition d'hérédité. On comprend facilement le motif spécial de cette disposition. L'acceptation d'une succession nécessite une appréciation sérieuse et compétente des avantages et des charges qu'elle comporte, appréciation qui incombe naturellement au chef de famille. Elle renferme en effet, ainsi que le fait très-justement remarquer Pothier, une obligation que l'héritier contracte envers les créanciers et légataires de la succession. La femme n'étant pas capable de contracter une obligation sans autorisation ne peut par conséquent accepter une succession sans autorisation.

La renonciation de la femme à une succession est-elle soumise également à la formalité de l'autorisation? La loi n'en dit rien. Faut-il appliquer les mêmes règles qu'en matière d'acceptation? Nous ne le pensons pas, bien que Pothier considère la répudiation d'une succession comme l'aliénation du droit qui est déféré à l'héritier. Outre que la loi n'exige pas que la femme soit autorisée pour la renonciation, comme elle l'exige pour l'acceptation, nous ne voyons pas qu'il y ait les mêmes raisons de décider dans un cas que dans l'autre.

Par sa renonciation la femme refuse seulement d'acquérir et c'est là un droit pour l'exercice duquel l'art. 217 n'exige pas d'autorisation. Qu'on ne nous objecte pas que renoncer à une succession, c'est diminuer son patrimoine, c'est réaliser une donation. Cette assimilation ne s'accorde pas avec l'effet conditionnel que nous attribuons à la saisine. De plus l'art. 780, 1° et 2° ne considère pas le renonçant comme donateur à l'égard de ceux qui profitent de sa renonciation.

Quid du cas où il s'agit pour la femme séparée judiciairement d'accepter la communauté ou d'y renoncer? Elle ne peut l'accepter sans autorisation par les mêmes motifs qui nous ont fait décider qu'elle ne pouvait accepter une succession sans autorisation.

Quant à la renonciation à la communauté, il y a même un argument de plus qu'en matière de renonciation à une succession pour admettre qu'elle peut avoir lieu sans autorisation. Cet argument est tiré de l'art. 1463 aux termes duquel la femme séparée qui n'a pas dans les trois mois et quarante jours accepté la communauté est censée y avoir renoncé. Cette présomption de la renonciation de la femme à la communauté est fondée sur une présomption de fait, le mauvais état de la communauté.

Il est certains actes qui ne rentrent à proprement parler dans aucun de ceux que l'art. 217 énumère, et pour lesquels il est intéressant de se demander si la femme peut les faire sans autorisation.

Peut-elle, par exemple, reconnaitre sans autorisation un enfant né avant le mariage. L'affirmation nous parait incontestable. Bien que la reconnaissance d'un enfant naturel ne soit pas au nombre de ceux que l'art. 217 soumet expressément à la nécessité de l'autorisation, on peut cependant objecter que la reconnaissance établissant entre la mère et l'enfant certaines relations de droit qui les obligent l'un envers l'autre, doit tomber sous l'application des dispositions de cet article. Nous répondrons que cela serait vrai si la reconnaissance créait entre la mère et l'enfant des obligations qui n'existaient pas antérieurement. Mais il est loin d'en être ainsi. La véritable source de l'obligation de la mère envers l'enfant n'est pas la reconnaissance, mais la maternité. Par la reconnaissance la mère ne fait qu'avouer et consacrer civilement une obligation naturelle préexistante, elle ne la crée pas.

La femme mariée peut également exercer sur la personne des enfants légitimes ou naturels qu'elle a eus d'un autre que son mari, tous les droits de la puissance paternelle, par exemple, donner son consentement à leur mariage ou à les émanciper.

Encore que la femme mariée ne puisse être tutrice

officieuse ni adopter valablement sans le consentement de son mari, il n'y a pas lieu de considérer ces
cas comme une conséquence de son incapacité de
femme mariée, puisque le mari lui même ne peut devenir tuteur officieux ou adopter sans le consentement
de sa femme.

La femme peut-elle, sans l'autorisation de son mari
exploiter son intelligence? Peut-elle, par exemple, publier des œuvres littéraires ou musicales ? Et subsidiairement, peut-elle passer les contrats auxquels la publication peut donner lieu ?

Pour la publication nous croyons sans hésitation
qu'elle peut la faire sans autorisation, car il nous parait impossible de considérer l'intelligence commé un
capital susceptible d'aliénation. Publier, c'est mettre en
circulation les œuvres que l'on a créées, ou pour mieux
dire, que l'on a empruntées au patrimoine public, c'est
en quelque sorte, accomplir un devoir de morale sociale, mais ce n'est pas aliéner un patrimoine propre.

Que le fait même de la publication échappe à l'autorisation maritale, cela se conçoit. Mais on comprend
qu'il en doit être autrement des contrats accessoires à
la publication. Ces contrats intéressent le patrimoine de
la femme, ils ont un caractère pécuniaire, et les soumettre à la nécessité de l'autorisation, c'est se confor-
mer aux principes généraux de l'art. 217.

L'art. 226, en permettant à la femme de tester
sans l'autorisation de son mari, contient une dérogation formelle à l'art. 217. Dans l'ancien droit, cette faculté lui était refusée par certaines coutumes, notamment celles du Nivernais, du Bourbonnais, de Bour-
gogne et de Normandie. On comprend le motif de l'exception introduite par le législateur. Le testament doit

être l'œuvre personnelle et exclusive de celui qui le fait « il est de la nature de cette disposition, dit Po-
« thier, d'être l'ouvrage de la volonté seule du testa-
« teur, sans que celle d'aucune autre personne y
« doive influer. » Soumettre le testament à la nécessité de l'autorisation maritale, c'eût donc été entraver
l'exercice d'une liberté de droit naturel. Ses effets ne
devant d'ailleurs se réaliser qu'après la mort de la tes-
tatrice, c'est-à-dire après la dissolution du mariage,
les intérêts de la femme n'en sauraient souffrir en aucune manière, de même que la puissance maritale n'en
recevra aucune atteinte.

Si la femme peut librement faire son testament, il
va de soi qu'elle peut le modifier ou le révoquer à son
gré et sans l'autorisation de son mari, car révoquer un
testament ou en faire un nouveau, c'est tester. L'art.
226 n'avait donc pas besoin de lui donner expressément
ce droit; il est la conséquence du droit de tester qu'il
lui accorde. L'art. 1096 du code civil fournit d'ailleurs
un argument a fortiori décisif en disposant que la femme
peut sans autorisation révoquer les dispositions qu'elle
a faites en faveur de son mari pendant le mariage. La
faculté accordée à la femme de révoquer librement ces
libéralités est la conséquence rigoureuse du principe
qui déclare essentiellement révocables les donations
faites entre époux pendant le mariage.

Mais la femme peut-elle faire une institution contractuelle sans l'autorisation de son mari? Non, sous
quelque régime qu'elle soit mariée. En effet les articles
226 et 905 ne la dispensent de cette autorisation que
pour les testaments et l'art. 217 soumet la femme,
d'une manière générale, à la nécessité de l'autorisation
pour tous les actes d'aliénation. Or nous savons qu'à

la différence du testament qui n'a d'effet qu'à la mort de la femme, c'est-à-dire au moment où cesse la puissance maritale, l'institution contractuelle, encore que son exécution soit différée à cette époque, produit néanmoins son effet du jour de sa confection et comme instituer contractuellement, c'est aliéner, la femme ne peut donc valablement le faire sans autorisation.

Enfin la femme peut faire seule tous les actes conservatoires de sa fortune acquise, pourvu qu'ils soient de telle nature qu'elle ne soit pas obligée, pour y procéder, d'ester en justice.

Elle peut également faire sans autorisation tous ceux qui sont une conséquence d'actes préalablement autorisés, et qui ont pour but, non plus la conservation, mais l'exécution d'un droit. Ainsi elle peut signifier les jugements ou arrêts rendus à son profit et en poursuivre librement l'exécution sur les biens de son débiteur. Elle peut aussi valablement (les art. 940 et 2139 l'y autorisent d'ailleurs formellement), requérir seule la transcription d'une donation qui lui est faite, ou l'inscription de son hypothèque légale.

Nous ne pouvons terminer ce chapitre sans dire un mot de la situation de la femme mariée autorisée à faire le commerce.

L'autorisation accordée à la femme de faire le commerce a des effets très étendus. L'art. 220 du Code civil porte que « la femme, si elle est marchande publique, peut, sans l'autorisation de son mari, s'obliger pour tout ce qui concerne son négoce..... ». L'art. 5 du Code de Commerce répète textuellement cette disposition et l'art. 7 du même Code ajoute que « les

« femmes marchandes publiques peuvent également
« engager, hypothéquer, aliéner leurs immeubles.
« Toutefois leurs biens, stipulés dotaux, quand elles
« sont mariées sous le régime dotal, ne peuvent être
« hypothéqués ni aliénés que dans les cas déterminés
« et sous les formes réglées par le Code civil. »
L'intérêt du commerce autant que le crédit nécessaire
à la femme marchande publique exigeaient qu'une
capacité aussi étendue lui fût donnée. Il résulte des
textes que nous venons de citer que pour tout ce qui
concerne son négoce, la femme mariée est entièrement
assimilée à la femme non mariée, sauf les restrictions
de l'art. 7 du Code de Commerce, relative à la disposition de ses immeubles dotaux.

L'art. 220 semble au premier abord apporter une
dérogation à l'art. 217 puisqu'il énonce que la qualité
de marchande publique rend la femme capable de
s'obliger sans autorisation pour tout ce qui concerne
son négoce. Mais en réalité, si l'art. 220 contient une
dérogation, ce n'est pas à l'art. 217. Car la femme mariée ne pouvant être marchande publique sans l'autorisation de son mari, aux termes de l'art. 4 du Code
de Commerce, se trouve ainsi autorisée à faire tous
les actes qui intéressent son commerce.

La capacité de la femme mariée n'existe, en vertu
de l'art. 220, qu'autant qu'elle agit pour ce qui concerne son négoce. Le même article ajoute qu'elle n'est
pas réputée marchande publique quand elle ne fait
que détailler les marchandises de son mari. Dans ce
dernier cas elle ne peut ni s'obliger, ni aliéner. Elle
n'est que la préposée, la mandataire de son mari et,
à ce titre, les actes qu'elle fait dans la limite de son

mandat tacite obligent les tiers et son mari, mais ne l'obligent point elle-même.

La question de savoir si une femme doit être considérée comme faisant un commerce distinct, ou au contraire comme se bornant à détailler les marchandises du négoce de son mari, constitue une question de fait dont la solution est réservée exclusivement aux juges du fond et ne peut jamais donner ouverture à cassation.

Quand la femme marchande publique traite avec des tiers, il y a lieu de se demander à qui incombe l'obligation de prouver qu'elle a agi en qualité de commerçante et pour les besoins de son commerce. Si l'acte révèle par lui-même sa nature commerciale, ou s'il porte la mention qu'il est fait pour le négoce de la femme, nul doute que le tiers avec qui elle a contracté ne soit dispensé de prouver qu'elle avait la capacité suffisante pour le faire sans une autorisation spéciale. Mais la question est plus délicate quand l'acte n'est point d'une nature commerciale, et qu'il n'en appert point qu'il a été fait pour le négoce de la femme. Nous pensons que, dans ce cas, la charge de la preuve incombe aux tiers. En effet l'incapacité de la femme mariée est la règle, la capacité l'exception, et pour que cette exception puisse être invoquée, il faut que l'acte fait par la femme l'ait été dans l'intérêt de son négoce. En cas de doute, c'est donc à celui qui prétend qu'elle se trouve dans l'exception et qui a intérêt à s'en prévaloir, à l'établir. Décider autrement, ce serait permettre à la femme de s'affranchir trop facilement de la nécessité de l'autorisation pour les actes étrangers à son commerce. Nous reconnaissons, il est vrai, qu'il est bien facile à la femme d'éluder la formalité de l'autorisation en insérant dans l'acte la mention qu'il est fait dans l'intérêt de son négoce; mais il n'est pas moins vrai que l'absence même de cette mention établit une bien forte présomption contre la nature commerciale de l'acte et, par suite, contre sa validité, puisque s'il eût été véritablement fait dans l'intérêt du négoce de la femme, il était loisible aux parties de le faire constater.

L'objection la plus sérieuse qu'on puisse opposer à notre système est tirée de l'art. 638 du Code de Commerce. En déclarant que les billets souscrits par un commerçant sont censés faits pour son commerce, cet article établit, dit-on, une présomption de commercialité qui doit profiter aux tiers. Cet argument n'est pas décisif. Car outre qu'il ne s'agit là que d'une seule classe d'actes, la présomption qu'il établit règle une question de compétence et n'a aucunement pour but d'établir la validité des billets souscrits par un commerçant, dans le cas où leur validité dépendrait de la question de savoir s'ils ont été faits pour son commerce. Faits ou non pour les besoins du commerce, la loi les regarde comme valables, et si elle les présume faits dans un intérêt commercial, c'est uniquement pour en attribuer la compétence aux tribunaux de commerce. Il suffit de rapprocher l'un de l'autre les deux paragraphes de l'art. 638 pour se convaincre que le législateur a voulu trancher une question de compétence et non une question de validité. Le 1er paragraphe est ainsi conçu : « Ne seront point de la compétence des tribunaux de commerce, les actions, « etc.... » « Néanmoins, ajoute le 2e paragraphe, « les billets souscrits par un commerçant sont censés « faits pour son commerce. » L'art. 638 déroge donc

dans son 1er paragraphe à la règle de compétence générale applicable aux commerçants, mais il y revient
dans le 2e paragraphe. Cet article n'est susceptible
d'aucune autre interprétation rationnelle et ne nous
paraît pas pouvoir être invoqué contre la solution que
nous avons adoptée.

L'extension de la capacité de la femme marchande
publique ne va pas jusqu'à lui permettre de plaider sur
les litiges qui intéressent son commerce, sans une
autorisation nouvelle et spéciale. Alors même que
l'article 215 ne serait pas formel à cet égard, il faudrait
encore décider ainsi, puisqu'on ne peut faire rentrer
l'action en justice, soit en demandant, soit en défen-
dant dans aucun des cas pour lesquels l'article 220 du
Code civil et l'art. 7 du Code de comme modifient exceptionnellement l'incapacité ordinaire de la femme mariée.

Le motif de cette restriction de la capacité de la
femme commerçante aux actes extra-judiciaires s'explique de lui-même. Le législateur, en effet, devait
permettre à la femme commerçante de faire sans autorisation les opérations relatives à son commerce, les
actes de commerce sont de tous les jours, de tous les
instants, et exiger une autorisation spéciale pour chacun
d'eux, c'eût été paralyser les opérations commerciales
si multiples et si fréquemment répétées. Mais la même
nécessité n'existait pas pour les procès qui sont plus
rares. En outre les procès sont des actes dangereux
pouvant compromettre la fortune de la femme à raison
des frais qu'ils entraînent.

Tels sont les motifs qui justifient la nécessité imposée
à la femme commerçante d'obtenir une autorisation
pour ester en justice, même quant aux procès concer-
nant exclusivement son négoce.

CHAPITRE III

DE L'AUTORISATION DE JUSTICE

La loi cherche avant tout dans l'autorisation maritale une garantie pour les intérêts de l'association conjugale. Mais l'autorité conférée au mari n'est point arbitraire ; ce n'est pas l'autorité du caprice, c'est la supériorité d'une raison que la loi suppose plus éclairée. Aussi le législateur a-t-il dû prévoir le cas où le mari abuserait de cette autorité pour empêcher la femme de faire des actes opportuns et avantageux, et compromettre par suite arbitrairement les intérêts collectifs de la famille dont il est le chef. Il a donc accordé aux tribunaux le droit d'apprécier les causes du refus du mari et d'autoriser eux-mêmes la femme au cas où ce refus serait mal fondé. « Le mari, dit Proudhon, « n'est que le délégué de la loi dans l'usage du pouvoir « dont elle l'a revêtu ; la puissance publique qui absorbe « tous les pouvoir particuliers, peut, à plus forte raison, « les suppléer. »

En outre il peut arriver que le mari se trouve dans l'impossibilité matérielle de donner une protection efficace aux intérêts de la femme, en cas d'absence, par exemple ; ou que des circonstances particulières l'en rendent incapable ou indigne, comme l'état de minorité, d'interdiction ou une condamnation à une peine afflictive ou infamante. De même qu'en cas de refus d'autorisation, la femme peut s'adresser à la justice pour suppléer à l'impuissance matérielle ou légale dans laquelle se trouve son mari de donner son autorisation.

L'autorisation de justice remplace donc celle du mari dans deux cas : 1° lorsque celui-ci refuse d'autoriser sa femme à ester en jugement ou à contracter ; 2° quand il se trouve dans l'impossibilité légale ou matérielle d'accorder son autorisation.

Dans le premier cas, l'autorisation de justice peut suppléer à celle du mari. Dans le deuxième cas, l'autorisation de justice est indispensable et suffisante, le mari n'étant pas consulté, et ne pouvant pas l'être soit matériellement, soit légalement.

SECTION I

DE L'AUTORISATION DE JUSTICE EN CAS DE REFUS DU MARI

Quand le mari refuse d'autoriser sa femme à ester en justice ou à passer un acte, le juge peut donner l'autorisation. La loi lui confère ce droit dans les articles 218 et 219. Nous verrons dans un chapitre spécial comment l'autorisation judiciaire est accordée. Nous nous bornons pour le moment à dégager des articles précités le principe qu'ils proclament et que nous pouvons formuler de la manière suivante : c'est au mari qu'il appartient d'accorder à la femme l'autorisation dont elle a besoin pour ester en justice ou pour contracter ; mais la femme peut sur le refus du mari s'adresser à la justice pour en obtenir l'autorisation qui lui est nécessaire. L'autorisation judiciaire peut donc en général, suppléer à celle

du mari. Nous disons, en général ; car il est des cas où
le mari seul est admis à autoriser sa femme, de sorte
que son refus est péremptoire et ne peut être soumis à
la censure du juge. Ces cas sont au nombre de trois :

1° *Quand la femme veut aliéner ses immeubles dotaux
pour l'établissement des enfants communs.* — Quand la
femme veut aliéner ses immeubles dotaux pour l'établissement d'enfants qu'elle a eus d'un premier mariage,
l'autorisation de justice peut suppléer à celle du mari,
au cas de refus de celui-ci. Mais elle est insuffisante à
habiliter la femme à aliéner ses immeubles dotaux pour
l'établissement des enfants communs. L'autorisation du
mari est absolument indispensable et ne peut être suppléée à son refus.

On comprend la raison de cette différence. La loi
n'a pas voulu que les enfants nés d'un premier mariage
de la femme fussent victimes du refus arbitraire et le
plus souvent malveillant d'un beau-père. Lorsqu'il s'a-
git au contraire de l'établissement des enfants communs, on présume bien qu'ils sont l'objet d'une égale
affection de la part de leurs parents ; mais comme le
mari, par son habitude et son expérience des affaires
est mieux à même que la femme de juger le parti qu'il
convient de prendre, et que la puissance paternelle
dont il est investi, lui donne le droit et lui impose
le devoir d'assurer l'avenir de ses enfants, c'est à lui
seul qu'il appartient d'apprécier l'utilité et l'opportunité des dispositions relatives à leur établissement
par l'aliénation des immeubles dotaux de la femme.
Le législateur a estimé que si le père refuse de consentir à l'établissement de ses enfants, c'est qu'il a

des raisons sérieuses pour le faire. Il a décidé en conséquence que le refus du mari était péremptoire.

Nous pensons toutefois que ce n'est qu'en cas de refus du mari, que l'autorisation judiciaire est impuissante à suppléer à l'autorisation maritale. Pourquoi en effet ne suffirait-elle pas, quand le mari est absent, ou se trouve dans l'impossibilité légale de donner son consentement ? On ne saurait invoquer ici l'inaliénabilité de la dot, puisqu'elle disparaît, aux termes de l'art. 1556, quand il s'agit de l'établissement des enfants communs. Or si la femme peut dans ce but donner les biens communs avec l'autorisation de justice seulement, nous ne voyons pas pourquoi elle ne pourrait pas doter les enfants communs, en disposant de ses biens dotaux, même au préjudice du droit que le mari exerce sur eux, d'autant plus qu'en pareil cas, l'autorisation de justice n'est susceptible de porter aucune atteinte à son droit d'appréciation exclusif, puisqu'il est hors d'état de l'exercer.

2° *Quand la femme veut faire le commerce.* — L'art. 4 du Code de commerce, qui exige le consentement du mari pour permettre à la femme d'être marchande publique s'explique par les considérations suivantes. Quand il s'agit d'un acte isolé, on comprend que le juge puisse en apprécier l'opportunité, les avantages ou les dangers et autoriser la femme à le réaliser, quand le mari n'appuie pas son refus sur des motifs sérieux. Mais une entreprise commerciale comporte une série d'actes complexes imprévus, de spéculations plus ou moins aléatoires. L'aptitude de la femme pour le commerce ne peut donc être sainement appréciée que par le mari qui a une connaissance intime de son intelligence, de son caractère et de son expérience des affaires. Les tribunaux manqueraient le plus souvent des éléments nécessaires pour trancher cette question.

Il existe un autre motif pour écarter en cette matière toute intervention judiciaire. Marchande publique, la femme est obligée, par la nature des opérations auxquelles elle se livre, d'adopter un genre de vie plus libre qui s'accorde mal avec les prérogatives de la puissance maritale. Dès lors il appartient au mari seul de décider si la dignité conjugale et l'honneur de la famille ne risquent pas d'être compromis.

Dans le cas où le mari est absent, mineur ou interdit, l'autorisation de justice est-elle suffisante pour habiliter la femme à faire le commerce ?

Bien que la plupart des auteurs refusent à la justice le droit d'autoriser la femme à faire le commerce en s'appuyant sur l'article 4 précité, nous préférons l'opinion contraire. D'abord l'article 4 n'a pas la portée qu'on lui donne. Cet article suppose nécessairement que le consentement du mari peut exister et dans les cas de minorité, d'absence ou d'interdiction, le consentement du mari est impossible. Cette argumentation nous amène à décider que ces cas n'ont pas été prévus par l'art. 4 du Code de commerce et à défaut d'un texte de droit précis, il faut les résoudre par l'application des principes généraux sur la matière : quand le mari est dans l'impossibilité d'autoriser la femme, la justice intervient en son lieu et place.

Outre que la décision que nous adoptons n'est contraire ni au texte, ni à l'esprit de la loi, elle est de plus conforme à l'équité. Il ne faut pas en effet que l'impossibilité où se trouve le mari de manifester sa vo-

lonté, prive la femme dépourvue de ressources personnelles, de tirer parti de ses aptitudes commerciales
pour subvenir aux besoins de sa famille.

Si juste que soit ce raisonnement, il ne permet pas
cependant de décider que la femme séparée de corps
peut être autorisée judiciairement à faire le commerce,
malgré l'opposition du mari. La séparation de corps
laisse subsister les liens du mariage. En affranchissant
les époux de la vie commune, il ne place pas le mari
dans l'impossibilité matérielle ni légale de donner son
consentement. Admettre l'autorisation de justice dans
ce cas, ce serait porter atteinte au droit exclusif d'appréciation du mari, puisqu'il est en état de l'exercer.

La femme mineure qui veut devenir commerçante
a-t-elle besoin, indépendamment du consentement de
son mari, de l'autorisation de ses propres parents ?
L'article 2 du Code de commerce semble le faire croire
de prime abord. Il décide que tout mineur émancipé
de l'un ou de l'autre sexe, âgé de 18 ans accomplis qui
voudra exercer le commerce, devra se faire préalablement autoriser par ses parents. La femme qui réunit
la double incapacité de mineure, et de femme mariée,
ne sera donc admise à entreprendre le commerce suivant une opinion, qu'autant qu'elle sera autorisée à
à la fois par son mari et par ses parents.

Cette argumentation ne nous paraît nullement décisive. L'autorisation exigée pour habiliter le mineur
à faire le commerce doit être considérée, selon nous,
uniquement comme une extension donnée aux effets
de l'émancipation. Elle ne peut être accordée, en effet,
que par les personnes qui ont qualité pour conférer le
bénéfice de l'émancipation et elle a, comme l'émancipation, son principe dans la puissance paternelle. Or

à la différence de l'émancipation volontaire, l'émancipation par le mariage de la femme mineure, fait disparaître complètement l'autorité que ses parents avaient sur elle, la puissance maritale remplace désormais la puissance paternelle dont il ne reste plus aucune trace. L'autorisation de faire le commerce que les père et mère auraient été appelés à donner en cette qualité à leur fille mineure célibataire, ne saurait donc plus émaner maintenant que du mari. Si l'on nous oppose la disposition qui refuse au mari le droit d'autoriser sa femme mineure à aliéner ses immeubles sans l'approbation du conseil de famille homologuée par le Tribunal, nous répondrons que les père et mère sont également sans qualité pour permettre seuls une semblable aliénation à leurs enfants émancipés.

Quel que soit le régime adopté par les époux, le mari demeure toujours maître de révoquer l'autorisation précédemment donnée à sa femme pour faire le commerce. L'art. 4 du Code de commerce ne se borne pas, en effet, à dire que la femme ne *pourra devenir* marchande publique sans le consentement de son mari. Il dispose qu'elle ne *pourra être* marchande sans autorisation. Or si la révocation du mari n'avait point d'effet, si la femme pouvait, au mépris de cette défense, continuer le commerce qu'elle a commencé, on arriverait à cette conséquence nécessaire, mais contraire à l'esprit de l'art. 4, quelle *serait* marchande sans le consentement de son mari. Les motifs qui ont porté le législateur à exiger l'autorisation maritale pour permettre à la femme de faire le commerce, exigent d'ailleurs aussi impérieusement qu'elle ne puisse pas le continuer contre la volonté du mari.

Mais il est bien entendu que dans ce cas le mari

9

devra donner une publicité loyale et suffisante au retrait de son consentement, sinon il se verrait exposé
aux poursuites de ceux qui ont continué à traiter avec
sa femme dans l'ignorance de ce retrait. Mais sans
exiger, avec certains auteurs, que le mari doit recourir
aux moyens indiqués dans les articles 67 et 69 du
Code de commerce, à savoir l'insertion dans les
journaux, l'affiche dans l'auditoire du tribunal de
commerce et même à la Bourse, nous pensons que la
question de décider s'il y a publicité suffisante doit
être laissée à l'appréciation des tribunaux.

3° *Quand la femme non séparée de biens veut accepter
une exécution testamentaire.* — La femme mariée sous
un régime autre que la séparation de biens ou le régime dotal ne comprenant que des paraphernaux, ne
peut être exécutrice testamentaire qu'avec l'autorisation de son mari. (1029 Code civil). Cette restriction
tient à ce que sous les régimes autres que la séparation de biens soit légale, soit judiciaire, la femme qui
n'est autorisée que par justice est incapable d'engager valablement la toute propriété de ses biens.
La loi a trouvé qu'une garantie limitée à la nue-propriété des biens de la femme ne serait pas suffisante
pour les héritiers du *de cujus* qui a choisi la femme
pour exécutrice testamentaire.

SECTION II

DE L'AUTORISATION DE JUSTICE EN
CAS D'IMPOSSIBILITÉ MATÉRIELLE OU LÉGALE DU MARI.

L'incapacité de la femme subsistant, quand le mari se trouve dans l'incapacité matérielle ou légale de l'autoriser, le principe de l'autorisation est maintenu. Mais il n'appartient plus au mari de l'accorder puisqu'il se trouve dans l'impuissance de le faire. C'est à la justice que la loi a confié cette mission et l'autorisation qu'elle accorde dans les différentes hypothèses que nous allons parcourir est suffisante.

I. *L'autorisation de justice supplée à celle du mari quand le mari est en état de déclaration ou même de simple présomption d'absence.* — Bien que l'art. 222 n'accorde le droit d'autorisation au juge que lorsque le mari est *absent*, nous ne croyons pas qu'il faille restreindre le mot absent à sa signification strictement légale, et nous repoussons la distinction que certains auteurs ont faite entre le cas où le mari est non présent et celui où il est en état de déclaration ou de simple présomption d'absence.

Il est des cas, en effet, où l'équité commande impérieusement de suppléer à l'autorisation du mari non présent par l'autorisation de justice, encore bien que l'on ait la certitude de son existence, quand il s'agit notamment d'autoriser la femme à faire certains actes pour lesquels des délais stricts sont imposés sous peine de déchéance ou de forclusion.

Prenons un exemple. Une femme a fait une saisie-arrêt ; elle doit dans la huitaine la dénoncer au saisi ; or cette dénonciation doit contenir assignation, et l'assignation étant un acte introductif d'instance n'est valablement délivrée qu'avec l'autorisation du mari. Nous supposons le mari trop éloigné pour que son autorisation arrive en temps utile. Si le juge ne pouvait autoriser la femme au lieu et place du mari, la femme se verrait privée de l'exercice d'un droit légitime et dont la perte peut entraîner la perte de sa créance Est il besoin d'ajouter qu'en cas de non présence du mari les tribunaux auront à apprécier si la femme doit attendre son retour, ou s'il y a lieu de lui accorder l'autorisation de justice ?

Au surplus, si l'on s'en rapporte aux travaux préparatoires du code, on est convaincu que le mot *absent* ne doit pas être pris dans le sens strict qu'il a au titre de l'absence ; cette expression s'applique aussi au nón-présent. C'était d'ailleurs la doctrine de Pothier.

II. *L'autorisation de justice suppléée à celle du mari, quand le mari est mineur.* — Autrefois, dans les coutumes où la nécessité de l'autorisation n'avait d'autre fondement que le respect dû à la puissance maritale, le mari, quoique mineur, était capable d'autoriser sa femme. Seulement les mineurs étant restituables contre les engagements qui leur étaient préjudiciables, le mari mineur qui souffrait quelque préjudice de l'autorisation qu'il avait donnée, pouvait prendre des lettres de rescision contre cette autorisation. C'est ce que dit Pothier dans son traité de la puissance du mari, n° 30.

Aujourd'hui que l'incapacité de la femme mariée est fondée sur l'intérêt de la famille, il était rationnel d'enlever au mari mineur le droit de surveiller et de censurer les actes faits par sa femme, puisque la loi le considère comme incapable de se protéger lui-même. Seulement comme il se trouve émancipé par le mariage et qu'à ce titre il devient capable d'administrer ses biens, il peut autoriser sa femme à faire tous les actes que son émancipation lui donne le droit de faire. Il est vrai que le plus souvent cela présentera peu d'intérêt pratique. En effet, ou bien la femme s'est réservée dans son contrat de mariage le droit d'administrer ses biens, et alors aucune autorisation ne lui est nécessaire pour faire des actes d'administration, ou bien cette administration est confiée au mari, alors la femme étant exclue de l'administration, n'a pas besoin d'être autorisée à cet effet. La capacité du mari ne pourra donc s'exercer, au point de vue de l'autorisation qu'en cas où la femme, investie par son contrat de mariage, de l'administration de ses biens, aura besoin d'ester en justice et que l'action sera purement mobilière.

Pour les actes qui dépassent la limite de la capacité d'un mineur émancipé, l'autorisation de justice est nécessaire à la femme dont le mari est mineur.

Quand la femme est elle-même mineure, quelle est sa capacité légale, abstraction faite de l'autorisation maritale ?

La loi considère le mari majeur comme le curateur légal de sa femme mineure. Aucun texte, il est vrai, ne lui donne expressément cette qualité, mais elle ressort clairement de l'interprêtation de l'article 2208. Cet article suppose, en effet, que le mari remplit de plein droit auprès de sa femme le rôle de curateur, puisque ce n'est qu'autant qu'il refuse d'en remplir les fonctions qu'on nomme à la femme un curateur *ad hoc* étranger.

Ceci posé, nous disons que la femme mineure peut faire seule tous les actes de pure administration dont le mineur émancipé est capable, et avec l'assistance de son mari comme curateur, tous les actes d'une administration plus large pour lequel la présence du curateur est indispensable au mineur émancipé. Quant aux actes qui dépassent la limite du droit d'administration, s'ils sont tels que le mineur émancipé puisse les faire avec la seule assistance de ssn curateur, la femme peut les faire également avec le concours de son mari ; (celui-ci réunit alors la double qualité de curateur assistant et de mari autorisant) ; s'ils exigent en outre l'autorisation du conseil de famille et l'homologation du tribunal, la femme qui a obtenu cette autorisation homologuée judiciairement, peut agir avec l'assistance de son mari qui réunit encore ici la double qualité de curateur assistant et de mari autorisant.

Au cas de refus de l'autorisation maritale dans ces différents cas, le juge, en accordant l'autorisation nécessaire à la femme, lui nommera en même temps un curateur *ad hoc*, (c'est par mégarde que l'article 2208 emploie le mot tuteur) car il serait contradictoire de laisser au mari le soin de réaliser comme curateur les actes qu'il a refusé d'autoriser comme mari.

III. *L'autorisation de justice supplée à celle du mari, quand le mari est interdit.* — L'interdiction du mari, quand elle est prononcée, modifie sa capacité. Elle lui enlève la direction de ses propres affaires. Réputé incapable de se protéger lui-même, comment pourrait-il efficacement protéger sa femme? Le législateur devait donc nécessairement le placer dans une situation analogue à celle du mineur, au point de vue de l'autorisation et confier à la justice le soin d'autoriser la femme de l'interdit (222 Code civ.).

Il n'y a pas lieu de distinguer si la tutelle du mari interdit est confiée à la femme ou à un étranger. En effet supposons la femme tutrice de son mari interdit. Si, dans son contrat de mariage elle s'est réservée l'administration de ses biens personnels, ses droits à cet égard ne sont pas modifiés par l'interdiction de son mari. Comme tutrice elle administre pour le compte de ce dernier les biens dont celui-ci avait l'administration. Comme femme séparée, ou comme femme paraphernale, elle administre librement et en son nom ses biens personnels. Quant aux actions judiciaires intéressant son administration, elle ne peut les intenter ou y défendre qu'avec l'autorisation de justice. Si au contraire elle ne s'est pas réservée dans son contrat de mariage, l'administration de ses biens, elle administre comme tutrice, mais en qualité de tutrice seulement et ses biens personnels et ceux de son mari. Elle agit donc exclusivement au nom de son mari. Il va sans dire qu'ici encore l'autorisation de justice lui sera nécessaire pour ester en jugement.

Dans les deux cas, quand la femme voudra faire des actes qu'un tuteur ordinaire ne peut pas faire seul, elle se soumettra aux mêmes règles que le tuteur et devra obtenir soit l'autorisation du conseil de famille seule, soit l'autorisation du conseil de famille complétée par l'homologation du tribunal. Dans ces deux cas également, l'autorisation de justice lui sera nécessaire soit pour ester en jugement, soit pour contracter en dehors des limites des besoins de son administration.

Que si le tuteur du mari est un étranger, la femme conserve les droits que lui assure son contrat de mariage. Quand elle a besoin de l'autorisation maritale, c'est à la justice qu'elle s'adresse pour y suppléer, et non au tuteur de son mari, qui n'a qualité que pour administrer au nom de l'interdit.

Il n'y a aucune difficulté quand l'interdiction a été prononcée judiciairement.

Mais que décider lorsque le mari, sans être interdit, est placé dans une maison d'aliénés (loi du 30 juin 1838)? Peut-il autoriser sa femme ou bien l'autorisation de justice est-elle seule nécessaire et suffisante?

La plupart des auteurs semblent admettre sans discussion que la justice peut seule autoriser la femme, nous n'acceptons pas cette solution. La loi, en effet, ne déclare le mari incapable que dans le cas d'interdiction, et les incapacités constituant des exceptions de droit étroit, il n'y a pas lieu de les étendre d'un cas à un autre. Au surplus la présomption d'incapacité absolue qui résulte de l'état d'interdiction et qui écarte juridiquement la possibilité des intervalles lucides ne saurait être invoquée à l'égard d'un mari enfermé dans une maison d'aliénés. Rien ne prouve qu'à certains intervalles lucides il ne soit capable d'autoriser sa femme: nous déciderons donc qu'en principe le mari enfermé dans une maison d'aliénés peut valablement autoriser sa femme, et que c'est à celui qui veut faire déclarer nulle, l'autorisation accordée, à prouver qu'au moment où elle a été donnée, le mari ne jouissait pas de sa raison.

La même solution doit être admise à *fortiori* pour le cas où le mari en état de démence n'est pas enfermé dans une maison d'aliénés.

Le mari pourvu d'un conseil judiciaire peut-il néanmoins autoriser sa femme?

Nous supposons qu'il s'agit des actes qu'il n'a pas qualité pour faire lui-même sans l'assistance de son conseil. Une doctrine enseigne qu'il peut accorder l'autorisation sans l'assistance du conseil. En effet, quelle est la règle? C'est la capacité du mari d'autoriser les actes de la femme. Or les articles 222, 499 et 513 ne lui ont pas enlevé cette capacité quand il est pourvu seulement d'un conseil judiciaire. Nous ne saurions nous rallier à une théorie qui accorde au mari le droit d'autoriser la femme à faire des actes que lui-même est incapable de faire.

Une seconde opinion reconnaît également au mari le droit d'autoriser sa femme, mais avec l'assistance de son conseil. Il est capable, dit-on, d'autoriser sa femme sous la même condition à laquelle est soumise sa capacité personnelle. Nous ne comprenons pas que l'assistance du conseil judiciaire soit admise en cette matière. Car il n'est pas dans l'esprit de la loi qu'un tiers puisse venir se placer en quelque sorte entre le mari et la femme.

Enfin, dans un troisième système, c'est la justice qui doit accorder l'autorisation. C'est le système que nous préférons. Et d'abord il répugne au sens commun qu'un incapable puisse en habiliter un autre. Le jugement qui pourvoit le mari d'un conseil judiciaire établit contre lui une présomption d'incapacité rela-

tive, dans la limite de laquelle il a besoin d'assistance
et de protection.

En second lieu il y a une grande analogie entre la
situation légale du mari pourvu d'un conseil judiciaire
et celle d'un mari mineur émancipé par le mariage.
Or ce dernier est incapable d'autoriser sa femme même
avec l'assistance de son curateur. Il faut qu'elle s'a-
dresse à la justice. Pourquoi en serait-il autrement
dans l'autre cas? Enfin cette opinion est conforme à
l'ancien droit. Il nous semble donc que l'art. 222 a
compris sous le mot interdit, aussi bien l'interdit
proprement dit que le mari pourvu d'un conseil judiciaire.

IV. *Enfin l'autorisation de justice supplée à celle du
mari, quand le mari est condamné contradictoirement
ou par contumace à une peine afflictive ou infamante.*
— C'est là une véritable déchéance. Le mari perd le
droit d'autoriser sa femme, comme conséquence de
son indignité.

L'art. 221 très-simple, en apparence, soulève néanmoins quelques difficultés. La dégradation civique est
une peine infamante et perpétuelle qui peut être prononcée comme peine principale ; mais elle est attachée
comme peine accessoire à toutes les peines afflictives
et infamantes, perpétuelles ou temporaires, et à la
peine du bannissement.

A raison de son caractère infamant, il semble donc
d'une part, que la dégradation civique doive tomber
sous l'application de l'art. 221 ; mais comme la dégradation civique est perpétuelle et ne s'éteint pas nécessairement avec la peine afflictive dont elle est l'accessoire, comme la réhabilitation seule peut effacer ses

effets, il semble d'autre part que l'art. 221 doive s'appliquer après l'extinction de la peine principale et jusqu'à la réhabilitation. La plupart des auteurs enseignent que cette conséquence logique est contredite par le texte de l'art. 221 lui-même, qui suppose que le mari n'est incapable d'autoriser que pendant la *durée* de la peine. Or, d'après eux, il résulterait de ces mots, *pendant la durée de la peine*, que l'incapacité du mari a une durée limitée et que par suite l'art. 221 n'est pas applicable à la dégradation civique, puisque cette peine ne peut être considérée comme ayant une durée. La loi, disent-ils, n'a fait allusion qu'à la peine principale et n'a point songé à la dégradation civique qui dès lors reste étrangère à l'art. 221, lors même qu'elle est prononcée comme peine principale, car on ne comprendrait pas qu'elle produisit plus d'effet comme peine principale que comme peine accessoire. Au surplus, ajoute-t-on, l'article 34 du Code pénal ne comprend pas cette déchéance au nombre de celles qu'entraîne la dégradation civique.

Nous adoptons cette solution, mais en nous appuyant exclusivement sur l'article 34 du Code pénal. L'interprétation qu'on donne de l'art. 221 du Code civil pour prouver que la dégradation civique n'entraîne pas par elle-même l'incapacité d'autoriser, nous paraît en effet erronée. Les termes dont le législateur s'est servi pour mesurer la durée de l'incapacité du mari n'impliquent pas nécessairement, comme on l'a soutenu, une durée limitée. Autrement ils n'auraient pas de sens au cas où la peine principale est celle des travaux forcés à perpétuité. Cette peine est bien limitée à la vie du condamné, mais on ne peut pas dire qu'elle a une durée limitée au sens qu'on veut attribuer au texte de l'art.

221, c'est-à-dire une durée temporaire. La peine peut donc *durer* pendant la vie entière du condamné, comme elle peut *durer* pendant un nombre déterminé d'années. L'art. 221 n'apporte donc aucun argument décisif à l'appui de la solution généralement adoptée.

Une seconde difficulté se présente relativement au sens qu'il y a lieu d'attribuer à ces mots *pendant la durée de la peine*, quand la peine n'a été prononcée que par contumace.

Le contumax ne subit pas de peine ; par le seul fait de sa présence, sa condamnation tombe de plein droit. Cependant l'art. 221 s'applique évidemment au cas de contumax. Aussi pensons-nous qu'on doit considérer comme la durée de la peine, toute la durée de la contumax. Pendant ce temps, on peut dire, en effet, dans un certains sens que la peine dure encore, la prescription n'étant pas acquise, et le condamné se trouvant toujours sous le coup de la condamnation prononcée contre lui.

Nous venons de voir dans quels cas, l'autorisation de justice est nécessaire et suffisante, le mari n'étant pas consulté. On s'est demandé, si l'autorisation de justice n'était pas nécessaire également quand la femme contracte avec un tiers dans l'intérêt de son mari, ou lorsqu'elle contracte avec son mari.

1er Cas. — La femme contracte avec un tiers dans l'intérêt de son mari. Dans les années qui suivirent la promulgation du Code, on a prétendu et on a jugé que la femme n'avait qualité pour s'obliger dans l'intérêt de son mari, même envers un tiers, qu'avec l'autorisation de justice. On appuyait cette jurisprudence sur la maxime : *Nemo potest auctor esse in rem suam* et sur l'art. 1427 du Code civil aux termes duquel la femme ne peut s'obliger ni engager les biens de la communauté même pour tirer son mari de prison ou pour l'établissement des enfants communs, en cas d'absence du mari, qu'après avoir été autorisée judiciairement.

Les motifs qui ont fait abandonner cette solution nous paraissent péremptoires. En effet, la maxime : *Nemo potest auctor esse in rem suam* n'est pas vraie en ce qui concerne le mari. Elle ne s'applique qu'autant que celui qui a besoin de l'*auctoritas* est naturellement incapable par suite du développement incomplet ou de la déviation de ses facultés intellectuelles ; mais elle n'est pas applicable au cas où il s'agit d'autoriser la femme, puisque son incapacité n'est pas la conséquence d'une imperfection intellectuelle, mais seulement de sa position de femme mariée.

Quant à l'art. 1427, il n'a pas le sens qu'on lui attribue. Il s'explique par l'article précédent. « La femme qui s'oblige, autorisée de justice seulement, dit l'article 1426, n'oblige ni la communauté, ni le mari. » L'art. 1427 apporte une double dérogation au principe formulé dans l'art. 1426, en disposant : « que la femme, quoique autorisée seulement de justice, obligera néanmoins la communauté et le mari : 1° pour tirer celui-ci de prison ; 2° en son absence, pour l'établissement des enfants communs. »

Cette interprétation rationnelle de la maxime : *Nemo potest esse auctor in rem suam* et de l'art. 1427 se justifie d'ailleurs par un grand nombre de textes. Les articles 217 et suivants déterminent, par voie d'exception, les cas où l'autorisation de justice est nécessaire et ne comprennent pas celui où la femme s'oblige envers un tiers dans l'intérêt de son mari. Or nous savons que les exceptions sont de droit étroit et ne s'étendent pas par induction d'un cas à un autre. D'autre part, l'art. 1419 suppose que la femme a contracté dans l'intérêt du mari, puisqu'il accorde contre lui une action à son créancier. Il admet bien cependant qu'elle a contracté avec l'autorisation du mari. L'art. 1431 suppose également que la femme s'est engagée dans l'intérêt de son mari, puisqu'il la considère comme sa caution.

La femme peut donc, autorisée de son mari et sans aucune intervention de justice, contracter un engagement principal envers un tiers dans l'intérêt de son conjoint, un engagement solidaire avec celui-ci dans le même intérêt; elle peut le cautionner ou consentir au profit d'un de ses créanciers la cession ou la restriction de son hypothèque légale. Il faut même dire que s'il en était autrement, l'autorisation de justice, qui n'est requise qu'exceptionnellement et subsidiairement à celle du mari, deviendrait la règle et serait appliquée bien plus fréquemment que celle du mari, car il est assez peu d'actes de la femme où le mari ne se trouve plus ou moins directement intéressé.

2⁰ *Cas.* — La femme contracte avec son mari. Avant de rechercher si le mari peut autoriser sa femme à contracter avec lui il y a lieu de trancher une question préjudicielle.

Les contrats entre époux sont-ils permis?

A Rome, les contrats à titre onéreux l'étaient, en principe du moins. Ainsi la vente, le prêt à usage

(L. 7 § 6 *de donat. inter virum et uxorem* au Digeste),
le dépôt, le mandat (L. 9 § 3, in fine, *de jure dotium*,
au Digeste), etc. Leur validité était soumise à une
condition, c'est que les parties n'éludassent pas la
règle de la prohibition des donations entre époux.

La plupart des Coutumes prohibaient les contrats
entre époux. « Gens mariés, constant leur mariage,
« ne peuvent contracter au profit l'un de l'autre. »
(Cout. de Nivernais). « Le mari, devant le mariage,
« ne peut faire aucune association, donation ou autre
« contrat avec sa femme. » (Coutume de Bourbonnais).
Après la séparation de biens cependant, « rien n'em-
« pêche, dit Lebrun, dans son traité de la commu-
« nauté, qu'un mari et une femme séparés contractent
« l'un avec l'autre, pourvu qu'ils ne se donnent ni
« directement ni indirectement. »

Que décide le droit moderne sur ce point ?

Une opinion soutient qu'en principe les contrats
sont prohibés entre époux. Il répugne, dit-on, que l'on
puisse être à la fois juge et partie : *Nemo potest auctor
esse in rem suam.* Quand on autorise, on est juge ;
quand on traite, on est partie. Les contrats entre
époux sont susceptibles de dissimuler des libéralités
irrévocables. On a craint que le mari n'abusât de
l'inexpérience de sa femme pour se faire consentir des
donations sous l'apparence de contrats à titre onéreux.
Voilà pourquoi le législateur a interdit la vente entre
époux. Ce motif permet d'étendre à tous les contrats
la prohibition formulée à propos de la vente dans
l'art. 1595. Enfin lorsque le Code a entendu permettre
aux époux de contracter ensemble, il s'en est expliqué
formellement. C'est ainsi qu'ils peuvent se faire ré-
ciproquement des donations révocables (art. 1096), une

donation en paiement dans les trois cas prévus par l'art. 1595. C'est ainsi également que l'art. 1451 les autorise à rétablir d'un commun accord la communauté dissoute par la séparation de corps ou de biens; et que l'art. 1577 accorde à la femme le droit de donner procuration à son mari pour administrer ses paraphernaux, etc., etc.

Cette argumentation, si concluante qu'elle paraisse tout d'abord, n'a cependant aucune valeur juridique. Le premier argument tiré de la maxime: *Nemo potest auctor esse in rem suam*, tombe devant les textes formels du Code. En effet, la donation entre époux, c'est-à-dire, de tous les actes, le plus dangereux et le plus suspect aux yeux de la loi, est expressément permise. La restriction de l'hypothèque de la femme, dans l'intérêt du mari, est également permise. Et cependant ces actes, avec beaucoup d'autres, la femme les fait, autorisée de son mari. Est-ce que le mari n'est pas *auctor in rem suam* dans ces sortes de contrats, c'est-à-dire à la fois juge et partie?

Le second argument a selon nous un grand tort, c'est de présumer une fraude à la loi. La fraude ne se présume pas. En matière de contrats, la capacité est la règle, l'incapacité l'exception. Donc les époux sont capables de faire tous les actes qui ne leur sont pas expressément interdits par la loi. Elle leur défend la vente, la dation en paiement sauf dans trois cas énumérés dans l'art. 1595, l'échange, les contrats dérogatifs des conventions matrimoniales et les donations irrévocables. En dehors de ces actes, tous les autres sont valables en principe. Quant au danger signalé de voir le mari commettre des abus d'influence, pour se faire consentir des donations déguisées, il est moins grand qu'il ne le paraît. De deux choses l'une, en effet ; ou l'acte constitue une libéralité en faveur du mari, et alors, quelque indirecte que soit la donation, la femme conserve le droit de la révoquer sans autorisation, (1096) ; ou bien il ne constitue pas une libéralité, et alors on ne comprend guère pourquoi le mari ne pourrait l'autoriser. En tout cas, le danger, s'il existe, ne paraît pas avoir fait impression sur l'esprit du législateur, car nulle nulle part on ne rencontre cette exception au principe de l'autorisation.

Les contrats entre époux étant permis dans notre législation, qui autorisera la femme ? le mari ou la justice ?

Pour certains auteurs, c'est le juge et le juge seul qui doit autoriser la femme. Ils invoquent à l'appui de leur système la maxime : *Nemo potest auctor esse in rem suam.*

Nous ne croyons pas devoir nous ranger à cette opinion. L'argument qu'on invoque ne prouverait qu'une chose, c'est qu'il faudrait supprimer l'autorisation maritale, mais il n'a plus de valeur dans le cas qui nous occupe que dans le cas où la femme a traité avec un tiers dans l'intérêt du mari ; nous avons d'ailleurs suffisamment établi *suprà* que la règle : *nemo potest....* n'était pas applicable en matière d'incapacité de la femme mariée.

Les termes de l'art. 217 sont généraux et proclament le principe de la nécessité de l'autorisation maritale. Ce n'est qu'exceptionnellement et dans les cas expressément prévus par les articles suivants que la femme peut ou doit recourir à l'autorisation de justice, et comme le code n'a créé aucune exception pour l'hypothèse dont il s'agit, il n'y a pas lieu de suppléer par nne interprétation forcée aux textes légaux. Du reste l'art. 1595 qui parle d'actes faits par la femme avec son mari ne fait aucune allusion à la nécessité de l'autorisation judiciaire. Bien plus, la donation, l'acte qui à coup sûr est le plus dans l'intérêt du mari, paraît pouvoir être fait à ce dernier avec sa seule autorisation. Car l'art. 1096, établissant une sorte d'antithèse entre la donation et la révocation de la donation quant à la capacité de la femme, et déclarant qu'elle peut faire une révocation sans l'autorisation de son mari, suppose nécessairement que sa capacité n'a pas été la même pour faire la donation et qu'elle a eu besoin, mais aussi qu'il lui a suffi d'être autorisée par le mari ou par la justice. Enfin on peut encore argumenter dans ce sens de la loi du 17 mai 1807 qui permet à la femme autorisée maritalement de constituer un majorat en sa faveur.

Notons, pour clore ce chapitre, que l'autorisation de justice nécessaire à la femme demanderesse en séparation de biens ou en instance de séparation de corps, n'est pas une exception proprement dite au principe de la nécessité de l'autorisation maritale. Cette autorisation, comme nous le verrons bientôt, est moins une veritable autorisation, qu'une formalité préliminaire de l'instance, car elle n'est pas donnée par le Tribunal, mais par le Président du Tribunal seul qui ne peut d'ailleurs la refuser. En outre elle est aussi nécessaire au mari demandeur qu'à la femme demanderesse en séparation de corps. En imposant cette formalité préalable, le législateur a espéré que l'intervention éclairée et conciliatrice du magistrat, en faisant réfléchir les époux sur les conséquences d'un procès si funeste à l'harmonie des familles, parviendrait peut-être à les rapprocher.

CHAPITRE IV

FORME DE L'AUTORISATION

A cet égard nous recherchons comment l'autorisation doit être accordée par le mari et comment elle
doit être accordée par la justice.

SECTION I

DANS QUELLE FORME L'AUTORISATION MARITALE
DOIT-ELLE ÊTRE ACCORDÉE?

Dans l'ancien droit, ou du moins dans la plupart des
coutumes, on distinguait entre l'autorisation nécessaire
à la femme pour ester en justice, et l'autorisation
nécessaire pour contracter, La première n'était soumise à aucune forme sacramentelle. Il suffisait que le
mari consentît à ce que la femme procédât en justice;
peu importait de quelle manière ce consentement se
manifestait. Mais il en était autrement pour l'autorisation de contracter, non seulement il fallait que cette
autorisation fût expresse, mais on exigeait que les
mots *autoriser, autorisation*, fussent employés. Quelque clairement que les circonstances eussent pu
établir la connaissance que le mari avait eu de l'acte,
et le consentement qu'il y avait donné, la femme n'eût

pas été valablement autorisée à l'égard des actes
extra-judiciaires. Bien plus, le terme sacramentel ne
pouvait pas être remplacé par des équivalents, tels
que les mots : *consentir, approuver.* Pothier ne voyait
que le terme *habiliter* qui pût le remplacer, et il donne
lui-même le motif de cette exigence des coutumes.

« L'autorisation est quelque chose de plus qu'un
« consentement, dit-il dans son traité de la puissance
« du mari n° 68 ; c'est un acte par lequel le mari
« *habilite* sa femme à faire le contrat ; il est donc ab-
« solument nécessaire qu'il *autorise* sa femme ; ce
« terme est sacramentel, et je ne vois que celui
« d'*habiliter* qui puisse paraître équipollent. »

Bien que cette rigueur ait disparu de notre code
et que notre législateur n'ait prescrit aucune forme
spéciale, aucun terme sacramentel pour l'autorisation
maritale, (art. 215, 217 c. civ.) il convient néanmoins,
pour la clarté de nos explications, de distinguer entre
l'autorisation du mari nécessaire à la femme pour
ester en jugement et l'autorisation nécessaire pour
contracter.

A. *Comment le mari doit-il accorder l'autorisation
nécessaire à la femme pour ester en jugement ?* —
Tout ce que la loi exige, c'est l'intervention du mari,
et la manifestation de son consentement. Encore qu'il
n'est question de l'autorisation tacite que dans l'art.
217 relatif aux actes extra-judiciaires, tandis que
l'article 215 relatif aux actes judiciaires, est muet sur
la forme de l'autorisation maritale, nous croyons néanmoins que l'autorisation tacite du mari suffit à la
femme pour ester en jugement, par cette raison que
l'art. 215 ne règle pas la manière dont l'autorisation

doit être accordée. Il se borne à poser le principe de la nécessité de l'autorisation maritale pour les actes extra-judiciaires.

Cette solution est d'ailleurs conforme aux règles de notre ancienne législation que les auteurs du code dans leurs travaux préparatoires déclarent vouloir maintenir en assimilant les formes de l'autorisation pour ester en jugement aux formes de l'autorisation nécessaire pour contracter.

Ainsi l'autorisation maritale nécessaire à la femme pour ester en jugement peut être *expresse* ou *tacite*.

L'autorisation *expresse* peut-être donnée soit par acte authentique, soit par acte sous seing-privé, et même par lettre missive.

De ce que la loi ne prescrit aucune forme spéciale sous peine de nullité, on est allé jusqu'à admettre, avec raison selon nous, la validité de l'autorisation verbale. L'esprit de la loi conduit logiquement à cette solution. En admettant l'autorisation tacite, l'art 217 prouve bien qu'en cette matière la forme n'est rien, la réalité est tout. Si cet article parle du consentement écrit, ce n'est pas pour exclure le consentement verbal, mais pour y opposer le concours du mari dans l'acte et pour exprimer par un exemple que l'autorisation tacite est tout aussi valable que l'autorisation expresse.

Les mots *sans son consentement par écrit* de l'article 217 n'ont donc pas le sens qu'une opinion leur prête. Le but de ce texte, n'est pas d'exiger, ainsi que nous venons de le dire, l'écriture *ad solemnitatem*, c'est-à-dire comme un élément essentiel de la validité de l'autorisation, comme pour la donation, le contrat de mariage, la constitution d'hypothèque, mais de déterminer le mode de preuve applicable à l'autorisation. Ces mots signifient seulement que la preuve testimoniale du consentement ne sera pas admise, alors même qu'il s'agirait d'une valeur inférieure à 150 francs. Mais ce consentement est susceptible d'être prouvé par l'aveu du mari ou par le serment. L'art. 1358 du code civil corrobore cette opinion, en déclarant la preuve par serment applicable à toute espèce de contestation, et nous ne voyons pas qu'il y ait lieu d'en excepter les contestations sur l'existence de l'autorisation maritale.

Quant à l'autorisation *tacite*, elle est soumise aux prescriptions de l'art. 247 qui exige le concours du mari dans l'acte. Il est donc indispensable que le mari soit dans l'instance où la femme se trouve engagée : mais il est bien évident que l'intervention du mari dans l'instance n'emporte autorisation qu'autant qu'elle suppose nécessairement de sa part adhésion réfléchie à l'action spéciale qui concerne la femme. C'est là une question de fait laissée à l'appréciation discrétionnaire des tribunaux. Sous le bénéfice de cette observation, il importe peu que le mari figure dans l'instance comme adversaire ou comme co-intéressé, ses intérêts au procès fussent-ils distincts de ceux de la femme.

Quand l'autorisation maritale est expresse, il n'est pas nécessaire qu'elle soit mentionnée dans les différents actes du procès.

B. *Comment le mari doit-il accorder l'autoritation nécessaire à la femme pour contracter ?* — Les conditions de forme de l'autorisation maritale nécessaire à la femme pour contracter sont réglées par l'art. 217.

Cette autorisation peut être *expresse* ou *tacite*. *Expresse*, elle résulte d'un écrit quelconque. Le consentement verbal est même suffisant pour constituer une autorisation expresse. L'acte authentique n'est jamais nécessaire, encore bien que l'autorisation s'applique à un contrat solennel pour la validité duquel la forme notariée est rigoureusement exigée.

Tacite, elle ne résulte que du concours du mari dans l'acte, en quelque qualité que ce soit, alors même que ce ne serait pas comme partie, puisque son intervention implique dans tous les cas connaissance de l'acte et volonté de l'autoriser. Il est néanmoins nécessaire que ce concours soit tel, qu'il révèle cette double circonstance. Ainsi il est certain que le fait par une femme d'apposer sa signature et de s'engager solidairement ou conjointement avec son mari, au bas d'un billet souscrit et signé par celui-ci, ne révèle pas suffisamment le concours du mari, car ce fait n'indique pas d'une manière certaine qu'il a eu connaissance de l'engagement pris par sa femme et qu'il l'a approuvé. Il en serait de même de l'aval apposé par une femme sur une lettre de change tirée par son mari sur un tiers.

L'autorisation tacite peut-elle résulter d'une circonstance autre que le concours du mari, par exemple de faits qui établissent sans équivoque sa participation à l'acte consenti par sa femme et la volonté de l'autoriser? Ainsi le mari qui tire sur sa femme une lettre de change l'autorise-t-il par là même à l'accepter?

Bien que la lettre du texte conduise à la négative, nous pensons néanmoins que le consentement tacite du mari ne résulte pas exclusivement de son concours dans l'acte. Pour nous, l'article 217, en parlant du concours du mari dans l'acte n'est pas énonciatif. Le législateur n'a énuméré que cette circonstance, parce qu'elle est décisive et qu'il est impossible de ne pas y attacher une présomption légale d'autorisation. Nous estimons donc que l'autorisation tacite peut résulter de toute manifestation de volonté de la part du mari de laquelle il appert qu'il a connu, toléré ou provoqué l'acte pour lequel son autorisation est nécessaire.

Il est un cas ou, de l'aveu de tout le monde, l'autorisation tacite du mari peut résulter de circonstances autres que son concours à l'acte ; c'est quand la femme entreprend le commerce, et qu'elle fait au vu et au su de son mari, et sans opposition de sa part les actes relatifs à son négoce. Cette tolérance du mari, à défaut de consentement littéral, ou de son concours effectif aux opérations commerciales de la femme suffit pour l'autoriser valablement.

Mais nous ne pensons pas que pour appuyer cette solution, on puisse tirer argument, comme certains auteurs l'ont fait, de ce que l'article 4 du Code de commerce exige seulement le consentement du mari, sans l'exiger par écrit comme l'article 217 le fait. Notre décision est suffisamment justifiée, selon nous par une raison historique d'une valeur indéniable. C'est que l'ancien droit, si rigoureux quant à la forme de l'autorisation, admettait cependant que la femme était valablement autorisée à faire le commerce par la seule tolérance du mari qui ne s'y opposait pas. Or il n'est pas admissible que notre législation, moins rigoureuse que l'ancien droit quant à la forme générale de l'autorisation, se soit montrée plus difficile sur ce point particulier. La sécurité et la foi qui sont dues au commerce, autant que la publicité qui entoure en général les opérations commerciales commandaient rationnellement cette dérogation aux principes généraux de l'autorisation maritale.

Nous savons que la femme mariée ne s'oblige par les actes de commerce qu'autant qu'elle est personnellement commerçante. L'article 6 du Code de commerce dispose en effet que la femme n'est pas réputée marchande publique, si elle ne fait que détailler les marchandises du commerce de son mari, mais seulement quand elle fait un commerce séparé. La dernière partie de cet article n'est pas rigoureusement exacte. La femme étant capable de former une société commerciale avec son mari se trouve engagée par ses actes de commerce, bien que son entreprise ne soit pas séparée distincte de celle de son mari.

SECTION II

DANS QUELLE FORME L'AUTORISATION DE JUSTICE DOIT-ELLE ÈTRE ACCORDÉE?

La division que nous avons adoptée pour l'autorisation maritale se reproduit ici. Nous verrons d'abord comment elle est autorisée en justice à ester en jugement, et en second lieu comment elle est autorisée à contracter.

A. *Comment la femme est-elle autorisée par justice à ester en jugement?* — Deux cas sont à distinguer : 1° celui où la femme est demanderesse ; 2° celui où la femme est défenderesse.

1° *Cas où la femme engage une instance.* — L'article 218 du Code civil se borne à poser le principe de l'autorisation de justice supplétive de l'autorisation maritale en cas de refus du mari. Mais il n'indique pas les formalités nécessaires pour arriver à obtenir l'autorisation de justice. Les art. 861 et suivant du Code de procédure civile ont comblé cette lacune.

Puisque la femme ne s'adresse à la justice qu'autant que son mari n'a pas voulu ou s'est trouvé dans l'impossibilité de l'autoriser, il était juste que le législateur déterminât d'abord les conditions sous lesquelles la preuve du refus ou de l'impuissance du mari devait être administrée. L'art. 861 trace les règles à suivre quant à la preuve du refus d'autorisation. La femme doit faire sommation au mari avant de se pourvoir en justice à fins d'autorisation. Cette procédure est d'ordre public et ne permet pas à la femme de suppléer à la sommation par un acte équivalent, par exemple en joignant à sa requête le refus de son mari, donné par écrit fût-ce même par acte notarié.

Sur le refus opposé par le mari à cette sommation, la femme présente une requête au président du Tribunal. Cette procédure suppose nécessairement qu'entre la sommation et la requête, la femme laisse s'écouler un certain temps, pour permettre au mari d'examiner s'il doit accorder ou refuser son autorisation. L'ordonnance que le Président rend au pied de la requête qui est présentée, autorise la femme à citer le mari à la Chambre du conseil pour déduire les motifs de son refus.

Dans le silence de l'art. 861 sur la compétence du Tribunal qui doit connaître de la demande à fins d'autorisation pour ester en justice, nous appliquerons les règles ordinaires de la compétence, et comme il s'agit ici d'une action personnelle, nous déciderons que le Tribunal compétent est celui du domicile du défendeur ; c'est donc au Président du Tribunal du domicile du mari que la femme doit présenter sa requête. D'ailleurs l'art. 219 du Code civil attribue la connaissance de la demande en autorisation judiciaire à l'effet de contracter au Tribunal du domicile commun. Quelle raison y aurait-il de ne pas appliquer par analogie cette disposition au cas où la femme demande à être autorisée pour ester en jugement.

On comprend le motif qui a décidé le législateur à procéder ainsi. Il n'a pas voulu dans l'intérêt de la dignité conjugale que les griefs du mari et les récriminations réciproques des époux fussent révélés au public.

L'article suivant trace la procédure suivie dans la Chambre du conseil : « le mari entendu, ou faute par « lui de se présenter, il sera rendu sur les conclusions « du ministère public, un jugement qui se statuera sur « la demande de la femme. »

On s'est demandé si le jugement devait être prononcé en Chambre du conseil ou bien en audience publique. il y a divergence sur ce point non-seulement entre les auteurs, mais même dans la la partique judiciaire.

Bien que le prononcé des jugements à l'audience soit d'ordre public, et encore que le législateur n'y ait pas expressément dérogé pour le cas qui nous occupe, on décide généralement que la procédure relative à la demande à fins d'autorisation de justice doit être faite en entier en la Chambre du conseil. On justifie cette décision par le texte de la loi lui-même. L'art. 861, dit-on, ne parle que de la Chambre du conseil ; c'est là que

le mari est cité, entendu, et l art. 862, après avoir dit
que le mari doit être entendu dans la Chambre du conseil, ajoute immédiatement que le jugement sera
rendu sur les conclusions du ministère public. D'ailleurs
les motifs qui ont porté le législateur à soustraire les
préliminaires de l'instance à la publicité de l'audience
doivent faire admettre la nécessité de procéder jusqu'au
bout en Chambre du conseil, puisque le ministère des
avocats n'étant pas exclu, en cette matière, et le ministère public devant être entendu, il arriverait nécessairement que les griefs du mari seraient révélés au public,
si les débats avaient lieu à l'audience.

Du reste les travaux préparatoires du Code de procédure confirment cette opinion, à laquelle nous nous
rallions, sous le bénéfice d'une réserve. Il nous semble,
en effet, possible de concilier le principe de la publicité
des audiences avec l'intérêt de la dignité conjugale.
Rien ne s'oppose à ce que les avocats des parties pren-
nent la parole en Chambre du conseil, à ce que le ministère public y donne ses conclusions pour ensuite le
jugement être prononcé en audience publique.

Après l'examen contradictoire des motifs de refus
déduits par le mari, de l'opportunité et de l'utilité de
l'acte ou de l'instance judiciaire pour lesquels la femme
demande l'autorisation de justice, le Tribunal accorde
ou refuse cette autorisation

La décision du Tribunal peut être réformée par voie
d'appel. La procédure est la même devant la Cour
d'appel que devant le Tribunal de première instance.
Elle doit avoir lieu en chambre du conseil, tout au
moins jusqu'au prononcé de l'arrêt, d'après notre
système.

Nous savons que la femme appelante d'un jugement

de première instance pour laquelle elle a été valablement autorisée, doit se pourvoir d'une autorisation nouvelle, au cas où le mari refuse la sienne ou se trouve dans l'impossibilité de la donner. Il y a lieu pour elle de s'adresser non à la cour devant laquelle l'appel est porté, mais au Tribunal de première instance du domicile du mari. Les demandes de cette nature constituent un véritable litige. Les porter directement devant la cour d'appel, c'eût été priver les époux des deux degrés de juridiction au cas où ils se proposeraient d'interjeter appel de la décision à intervenir. Il résulte d'ailleurs du rapprochement des art. 219 du code civil, 861 et 863 du code de procédure, que l'autorisation de justice doit être donnée par un *tribunal*, et nulle part la loi ne suppose que la femme puisse être autorisée à ester en jugement par une cour d'appel. C'est également le Tribunal du domicile du mari qui doit connaître de la demande à fins d'autorisation de justice nécessaire à la femme pour se pourvoir en Cassation.

Quand le mari est absent ou incapable d'accorder l'autorisation, la procédure est identique. Seulement la loi n'exige pas qu'elle fasse sommation au mari. Cette sommation n'ayant d'autre but que de constater le refus du mari, n'a aucune raison d'être dans les hypothèses prévues par les articles 863 et 864 où l'autorisation et le refus du mari ou sont dépourvus de valeur juridique, ou sont impossibles.

Dans le cas d'interdiction du mari, l'art. 864 du Code de procédure oblige la femme à joindre à sa requête le jugement d'interdiction. Une raison d'analogie nous porte à décider que la femme doit produire soit le jugement déclaratif de l'absence, en cas d'absence déclarée, soit le jugement qui ordonne l'enquête, en cas de présomption d'absence, ou un acte de notorité, si le jugement n'est pas encore rendu, soit enfin l'arrêt de condamnation, au cas de condamnation à une peine afflictive ou infamante.

Si le mari n'est que pourvu d'un conseil judiciaire ou enfermé dans une maison d'aliénés, la femme devra produire également les documents susceptibles de constater que son mari est incapable de l'autoriser.

Enfin quand le mari est mineur, elle justifiera de son incapacité en produisant son acte de naissance.

2° *Cas où la femme est défenderesse.* — Quelle procédure devra-t-elle suivre pour obtenir l'autorisation de justice ? La loi ne trace aucune règle à cet égard. Les articles 861 et suivants ne se réfèrent, en effet, qu'au cas où la femme poursuit ses droits en justice, ce qui exclut par *a contrario* les cas où elle est défenderesse dans l'instance.

La pratique judiciaire a adopté la procédure suivante : Le tiers demandeur en assignant la femme, assigne également le mari devant la même juridiction ; si le mari fait défaut ou refuse son autorisation, le demandeur, pose des conclusions tendant à ce que l'autorisation soit accordée par le Tribunal qui statue sur ses conclusions. Il peut le faire avant toute procédure ; il peut le faire également en statuant sur le fond.

Retenons bien que c'est au demandeur à prendre l'initiative. Il ne lui suffirait pas d'assigner la femme en la requérant de se faire autoriser, car si la femme restait dans l'inaction, le jugement que son adversaire obtiendrait contre elle serait nul, puisque n'étant pas autorisée, elle n'a pu figurer valablement dans l'instance.

Quand la femme est défenderesse, le Tribunal de première instance du domicile du mari n'est pas exclusivement compétent pour connaître de la demande à fins d'autorisation. Si l'action dirigée contre la femme est susceptible par sa nature d'être portée devant un Tribunal autre que celui du domicile conjugal, il nous paraît que le Tribunal compétent pour en connaître l'est aussi pour accorder l'autorisation, fût-ce même un tribunal de commerce.

Il semblerait que le le tiers obligé d'assigner le mari à fins d'autorisation dût porter sa demande devant le Tribunal de son domicile. Mais une assignation de cette nature n'est pas introductive d'instance. En effet le demandeur n'a aucun intérêt à ce que le mari autorise, puisque son refus ne peut paralyser son action ; l'assignation qu'il lui donne à cet effet est moins une véritable assignation qu'une mise en demeure d'autoriser. Le tiers ne peut donc être considéré comme demandeur à cette fin à l'encontre du mari, et par conséquent la maxime : *auctor sequitur forum rei* ne lui est pas applicable.

La compétence du Tribunal de commerce que nous admettons pour le cas où la femme est défenderesse, nous paraît matériellement repoussée pour le cas où elle est demanderesse par la lettre de l'art. 862 du Code de procédure qui exige que le ministère public soit entendu. Or il n'y a pas de ministère public près les tribunaux de commerce.

B. *Comment l'autorisation de justice est-elle accordée à la femme qui veut contracter ?* Le Code civil se borne dans l'art. 218 à poser le principe de la nécessité de l'autorisation de justice indispensable à la femme pour ester en jugement, sans déterminer comment la demande à fins d'autorisation devra être introduite, tandis que dans l'art. 219 il organise la procédure à suivre par la femme pour obtenir de justice l'autorisation de contracter. La femme doit citer directement son mari devant le Tribunal de première instance du domicile commun.

A cet égard aucune difficulté ne pouvait s'élever avant la promulgation du Code de procédure, mais comme la procédure de la demande à fins d'autorisation judiciaire pour ester en jugement n'avait pas été organisée, le Code de procédure a comblé cette lacune dans l'art. 861 qui n'adopte pas les formes prescrites par l'art 219 du Code civil. Il innove en ce sens qu'au lieu de permettre à la femme de citer directement son mari devant le Tribunal civil, il l'oblige à présenter une requête au Président du Tribunal, sur laquelle celui-ci rend une ordonnance lui permettant de citer son mari devant la Chambre du Conseil.

On s'est demandé si par cet article, le législateur n'avait pas entendu modifier l'art. 219 du Code civil et tracer des règles de procédure générale applicables chaque fois que la femme serait dans la nécessité d'obtenir l'autorisation de justice soit pour contracter, soit pour ester en jugement, sans distinction ; ou bien si l'art. 861 n'ayant été fait que pour compléter l'art. 218 du Code civil, la procédure relative à la demande d'autorisation de contracter restait réglée par l'art. 219.

Bien que le texte des articles 219 et 861 se prête à cette distinction, puisque le premier parle de l'autorisation nécessaire pour *passer* un acte, et le second de l'autorisation nécessaire pour *poursuivre* ses droits, nous le rejetons sans hésiter avec la plupart des auteurs. D'abord nous ne voyons pas la raison d'être d'une différence de procédure entre les deux cas.

De plus le titre VII du livre I de la deuxième partie du Code de procédure, placé sous cette rubrique : « autorisation de la femme mariée », contient les règles générales applicables dans tous les cas où la femme veut obtenir l'autorisation de justice. C'est incontestablement pour les articles 863 et 864 et il n'y pas de motif pour interpréter différemment l'art. 861.

Les mots de l'art. 861 : « *poursuivre ses droits* » dont les partisans de la doctrine contraire restreignent le sens aux instances judiciaires, ont au contraire un caractère de généralité qui confirme notre opinion. Poursuivre ses droits, c'est aussi bien contracter qu'ester en jugement.

Enfin il nous paraît que la procédure éminemment conciliatrice de l'art. 861 s'accorde mieux avec le respect dû à la puissance maritale.

Nous avons dit que l'autorisation maritale est expresse ou tacite; nous devons ajouter, pour être complet, qu'elle doit être spéciale. En effet la spécialité seule peut garantir que le mari a connu et pu apprécier l'acte que la femme veut contracter ou le procès qu'elle veut soutenir.

La spécialité de l'autorisation est une règle générale applicable à l'autorisation maritale comme à l'autorisation de justice; à l'autorisation pour contracter comme à l'autorisation pour plaider. Par exemple, il ne suffirait pas que la femme fût autorisée à faire un emprunt, à vendre ses immeubles, à plaider sans désignation du litige. Il est absolument nécessaire que l'autorisation se réfère à tel ou tel acte déterminé, à tel emprunt, à telle vente, à telle instance. Pour être spéciale, il ne suffit pas que l'autorisation se borne à désigner la nature de l'acte autorisé, il faut encore qu'elle relate les clauses et conditions particulières de cet acte, notamment le prix, l'époque où il doit recevoir son exécution, sinon ce serait soustraire les actes de la femme au contrôle utile du mari.

L'ancien droit était partagé sur ce point. Ainsi, tandis que la Coutume de Paris exigeait une autorisation spéciale pour chaque procès, d'autres coutumes, notamment celles de Lille, Douai, Valenciennes se contentaient d'une autorisation générale.

L'art. 223, qui pose le principe de la spécialité de l'autorisation, contient une double inexactitude : « Toute autorisation générale, même stipulée par « contrat de mariage, n'est valable que quant à « l'administration des biens de la femme. » Cette rédaction laisse supposer : 1° que le mari peut, par contrat de mariage, autoriser sa femme à administrer ses biens, ce qui est inexact. Car la femme qui, par une clause de son contrat de mariage, s'est réservée l'administration de ses biens, n'administre pas en vertu du droit qui lui est conféré par l'autorisation maritale, mais en vertu d'un *droit personnel* qu'elle a conservé (1536) et pour l'exercice duquel aucune autorisation n'est exigée ; 2° que, pendant le mariage, le mari peut autoriser sa femme à administer. Or, de deux choses l'une : ou la femme a conservé, de par son contrat de mariage, l'administration de ses biens, et alors elle n'a pas besoin d'être autorisée pour administrer ; ou elle ne l'a pas conservée, et alors le mari

ne peut pas la lui rendre, autrement ce serait changer
les conventions matrimoniales pendant le mariage, ce
qui est défendu. Si la femme administre, ce ne sera
pas en son nom et en vertu d'une autorisation, mais
au nom et comme mandataire du mari qu'elle oblige
seul par les actes de son administration.

Le principe de la spécialité de l'autorisation souffre
exception en ce qui concerne la femme commerçante.

Le législateur devait permettre, en effet, à la femme
de faire, sans autorisation, les opérations relatives à
son commerce. L'autorisation spéciale à chaque acte
de commerce aurait été incompatible avec la célérité
et la multiplicité des opérations commerciales. L'art.
220 déroge donc à l'art. 223 en ce sens que, dans le
cas qu'il prévoit, l'autorisation générale suffit pour
rendre la femme capable de s'obliger, d'aliéner ses
immeubles et de les hypothéquer (art. 7 Code de
Com.), à moins qu'elle ne soit dotale et qu'il s'agisse
des immeubles dotaux.

Mais la même nécessité n'existant pas pour les
procès qui d'ailleurs sont plus rares, la femme commerçante n'est pas affranchie de l'autorisation spéciale
pour plaider.

Si le mari peut autoriser sa femme à faire le commerce, est-il tenu pour la validité de son autorisation,
de spécifier la nature du commerce qu'il autorise sa
femme à exercer? Nous le croyons et nous repoussons
l'opinion contraire admise par la plupart des auteurs,
parce que nous la considérons comme ne protégeant pas
suffisamment la femme. En effet, avec une autorisation
sans limites, la femme peut se livrer à un commerce pour
lequel elle n'a aucun aptitude et entraîner ainsi sa ruine
en même temps que celle du mari. Sans doute la célé-

rité qui caractérise les actes de commerce commandait de dispenser la femme de requérir l'autorisation pour chacun des actes intéressant son négoce. L'exiger, c'eût été placer la femme mariée dans l'impossibilité de fait d'être commerçante. Aussi la loi a-t-elle remédié à ces inconvénients en permettant au mari de l'autoriser à faire tel commerce déterminé. Mais là doit se borner, selon nous, la dérogation au principe de la spécialité de l'autorisation maritale.

La nécessité d'une autorisation spéciale pour chaque acte entraîne cette conséquence que la femme ne peut donner un mandat général d'aliéner ses immeubles, car elle ne peut donner mandat de faire ce qu'elle est impuissante à faire elle-même; or elle ne peut être autorisée à aliéner ses immeubles d'une manière générale (art. 1538); donc elle ne peut valablement donner mandat général d'aliéner ses immeubles, et elle ne le peut, alors même que c'est son mari qu'elle choisirait comme mandataire.

On argumente à tort selon nous des articles 1987 et 1988 du Code civil pour soutenir l'affirmative.

La procuration étant spéciale, dit-on l'autorisation le sera aussi car l'une est liée à l'autre. Du reste, le mari au fur et à mesure qu'il réalise les actes compris dans son mandat, donne par cela même une autorisation spéciale et on en conclut que le mandat est valable.

Ces arguments ne sont que spécieux. Car nous ne croyons pas qu'on puisse transporter dans notre matière l'acception et la portée que les articles 1987 et et 1988 attribuent aux mots *spécial et géneral*. Le mandat d'aliéner ses immeubles donné par la femme au mari est bien un mandat spécial dans le sens de

l'art. 1987 ; mais autre chose est la spécialité de l'autorisation donnée à la femme pour conférer ce mandat.
A- notre avis, le caractère de spécialité doit s'apprécier
secundam subjectam materiam c'est-à-dire selon l'esprit
des dispositions légales qu'il s'agit d'appliquer. Il n'est
pas douteux dès lors que ce sont moins les règles du
mandat que celles de l'autorisation maritale qui doivent
servir à trancher la question. Or, ce qui constitue
un mandat spécial selon les articles 1987 et 1988
serait une autorisation générale d'après les articles 223
et 1538.

En effet, le mari en autorisant sa femme à lui conférer
le mandat dont il est question n'a pas pour but certain
un acte particulier. Il veut obtenir les pouvoirs les plus
étendus et les plus arbitraires sur ses biens. L'autorisation est donc générale et en exécutant successivement
les actes compris dans ce mandat, il ne peut la valider.
Il est inexact de prétendre qu'il est censé habiliter sa
femme au fur et à mesure qu'il les accomplit, puisque
pour les autoriser, le consentement de sa femme lui est
toujours nécessaire, et que ce consentement ne saurait
être valable selon nous, lorsqu'il a été donné par une
procuration consentie en vertu d'une autorisation générale. L'autorisation subséquente du mari ne s'applique
donc à rien ; elle tombe dans le néant puisqu'il n'y a
plus de consentement de la part de la femme.

L'interprétation que nous donnons à la spécialité de
l'autorisation maritale est d'ailleurs conforme aux principes de l'ancien droit. « J'estime dit Lebrun, que les
« autorisations doivent être *spéciales en chaque affaire*
et en chaque contrat. » « L'autorisation du mari, dit de
« son côté Pothier, doit être *spéciale* pour tel ou tel
« acte. » « Il faut une autorisation expresse et spéciale

et *ad rem quæ geritur accommodata* » dit enfin d'Aguesseau dans un de ses plaidoyers.

Quand doit être donnée l'autorisation? C'est par cette question que nous terminerons l'étude de ce chapitre.

Nous traiterons séparément de l'autorisation maritale et de l'autorisation de justice.

1° *A quel moment l'autorisation du mari doit-elle être accordée?* — Quant à l'autorisation du mari, nécessaire à la femme pour contracter, elle peut indiscutablement être donnée *antérieurement* ou *concomittamment* au contrat que la femme se propose de passer.

Peut-elle être donnée *postérieurement?*

Cette question est vivement débattue.

Des esprits autorisés soutiennent l'affirmative. Quand la femme, disent-ils, s'engage sans être autorisée, l'acte qu'elle a fait n'est pas essentiellement nul, il est seulement vicieux, imparfait, susceptible d'être annulé, mais susceptible également de produire des effets, car il devient complètement valable, soit par la ratification expresse, soit par la ratification tacite résultant de la prescription. Le vice dont il est entaché n'étant que relatif, l'autorisation donnée après coup l'efface entièrement. Cette doctrine, dit-on, est logique. Que manquait-il à l'acte pour être parfaitement valable? L'autorisation du mari. Or elle est donnée, donc *cessante causâ, cessat effectus.*

On invoque ensuite les travaux préparatoires du Code. La première rédaction de l'art. 217 avait deux alinéas dont le second disposait que le consentement du mari, quoique postérieur à l'acte, suffisait pour le valider.

Enfin on argumente par analogie de l'acte 183 du Code civil qui admet que le mineur marié sans le consentement de ses parents, dans le cas où ce consentement était requis, est irrecevable à poursuivre la nullité de son mariage, quand ses ascendants ou la famille l'ont ratifié.

Cette argumentation n'est pas concluante. Elle repose sur une confusion entre les effets de la ratification et les effets de l'autorisation. Quand une femme mariée fait un acte avec l'autorisation de son mari, sa capacité est entière, absolue, l'acte est valable, personne ne peut l'attaquer, ni le mari, ni la femme, ni les héritiers. Quand au contraire elle contracte sans y être autorisée, l'acte est vicieux, par suite annulable. Deux actions en nullité sont alors ouvertes ; l'une attribuée au mari dont la puissance est méconnue, l'autre à la femme qui n'a pas été protégée. Mais chacune de ces deux actions est distincte, indépendante. Celle qui appartient à la femme est son bien, son droit ; elle n'en peut être dépouillée par le fait d'autrui. Sans doute le mari est maître de donner son autorisation après coup, de ratifier, d'approuver ce qu'il pouvait faire annuler. Mais cette adhésion postérieure du mari n'a pas les effets de l'autorisation proprement dite. Elle ne peut pas faire, en effet, que la femme ait eu, au moment du contrat, l'autorisation proprement dite. Elle ne peut pas faire que le contrat passé par la femme n'ait été vicié au moment de sa confection. Ce n'est qu'une ratification que le mari donne à l'acte, c'est-à-dire une renonciation à son action en nullité. Et puisque la nécessité de l'autorisation n'a pas pour fondement la puissance maritale ; comme elle a, à notre sens, pour raison d'être et pour but la protection de la famille, l'autorisation postérieure du mari ne saurait produire un effet, de ratification absolu, effaçant le vice initial dont il était entâché tant à l'égard de la femme qu'à l'égard du mari.

En renonçant à l'action en nullité qui lui est propre, le mari ne peut donc abandonner que le droit qui lui appartient ; il ne peut pas disposer du droit qui appartient à sa femme.

Les partisans de la doctrine contraire appuient encore leur système sur une subtilité juridique absolument erronée. La femme mariée, disent-ils, peut valablement contracter quand le consentement du mari concourt avec le sien. Or, le consentement que le mari donne postérieurement concourt avec celui que la femme a donné au moment de l'acte, la femme étant présumée persévérer dans son consentement, tant qu'elle n'a pas attaqué l'acte qu'elle a fait. C'est là ce qui reste à démontrer et il est impossible de le faire juridiquement. En effet, le silence et l'inaction de la femme qui s'abstient de demander la nullité de l'acte qu'elle a consenti sans autorisation n'implique pas nécessairement qu'elle maintient son consentement et ce n'est pas cette présomption que l'article 1304 du Code civil consacre en sa faveur. Si la loi a suspendu à son profit pendant la durée du mariage, la prescription de son action en nullité, c'est parce qu'elle suppose la femme dans l'impossibilité morale de manifester sa volonté avec une pleine et entière liberté. En contractant sans autorisation, la femme a méconnu le respect dû à l'autorité du chef de famille. Le législateur a présumé dès lors que la crainte ou la faiblesse n'empêchât la femme de dévoiler sa faute au mari par l'exercice de son action en nullité. Au surplus nous verrons que l'action en nullité du mari est prescrite par dix ans du jour où il a connu l'acte. Or la prescription du mari est une ratification tacite qui produit les mêmes effets que la ratification expresse. Comme cette ratification tacite ne détruit pas l'action de la femme, autrement l'art. 1304 qui accorde à celle-ci un délai de dix ans à partir de la dissolution du mariage pour intenter son action en nullité serait ouvertement violé, nous sommes donc nécessairement amenés à décider que la ratification expresse laisse entière l'action en nullité de la femme.

Quant à l'argument tiré des travaux préparatoires du Code, il n'est point décisif. Le second alinéa de l'art. 217 qui déclarait l'autorisation du mari suffisante, quoique postérieure à l'acte n'a pas été maintenu. Parce qu'il existait dans le projet, est-ce une raison pour lui donner l'autorité d'un article de loi, alors surtout que le principe qu'il consacrait est en opposition avec les textes du Code et les principes généraux sur la matière ?

Quant à l'art. 183, il constitue une exception aux principes généraux. Cette exception expressément écrite dans la loi se justifie par la faveur toute particulière dont notre législation entoure le mariage et ne doit pas être introduite par analogie dans les matières ordinaires.

Ainsi donc, quand le mari donne son consentement postérieurement au contrat, ce consentement emporte ratification de l'acte, ratification qui n'est valable qu'à son égard et laisse intacte l'action en nullité qui appartient à la femme.

Arrivons maintenant à l'autorisation nécessaire à la femme pour ester en jugement.

Il n'est pas nécessaire que la femme obtienne cette autorisation au début de l'instance. Il suffit qu'elle soit accordée avant le prononcé du jugement. Le tiers actionné par la femme mariée non autorisée n'est pas tenu de suivre l'instance contre un adversaire incapable d'ester en jugement; et pour tout moyen de défense il peut se borner à opposer l'exception tirée du défaut d'autorisation Seulement le Tribunal pourra impartir un délai à la femme pour lui permettre de rapporter l'autorisation de son mari. L'adversaire de la femme peut également se prévaloir du défaut d'autorisation pour faire rejeter son appel ou son pourvoir en cassation.

Quand la femme est défenderesse en appel ou en cassation, le demandeur doit mettre en cause le mari dans le délai de l'appel ou du pourvoi sinon l'acte d'appel et le pourvoi seraient nuls.

2° A quel moment l'autorisation de justice est elle accordée? — Il n'y a aucune raison pour ne pas appliquer les principes de l'autorisation maritale à l'autorisation judiciaire nécessaire à la femme pour contracter. Nous déciderons donc que la femme doit être autorisée soit avant, soit au moment de la confection de l'acte.

Quant à l'autorisation de justice nécessaire pour ester en jugement, elle doit être accordée soit au début, soit au cours de l'instance, soit enfin par le jugement qui statue sur le fond de la demande.

CHAPITRE V

DES EFFETS DE L'AUTORISATION

Les effets de l'autorisation doivent être envisagés, 1° par rapport à la femme, 2° par rapport au mari.

SECTION I

EFFETS DE L'AUTORISATION A L'ÉGARD DE LA FEMME

L'autorisation accordée à la femme mariée, soit par le mari, soit par la justice, a pour effet de la rendre aussi capable qu'elle le serait si elle était fille ou veuve. Relevée de son incapacité de femme mariée, elle devient désormais non recevable à invoquer cette qualité pour faire prononcer la nullité des actes qu'elle a consentis avec autorisation. Mais ces actes n'en restent pas moins sous tous les autres rapports soumis aux règles relatives à la rescision des contrats. « L'autorisation du « mari ou de justice, dit Bourjon (Droit com. de « France) n'étouffe pas les moyens de restitution, si « aucuns sont ouverts à la femme. »

A cet égard, l'autorisation ne la relève que de son incapacité de femme mariée, et lui laisse le droit d'invoquer toutes les autres causes de nullité, comme celle par exemple qui résulte soit du défaut d'assistance de son mari curateur, soit du défaut d'autorisation du Conseil de famille ou d'homologation du Tribunal aux cas où en tant que mineure émancipée par le mariage, ces garanties de protection lui sont nécessaires à raison de la nature même des actes qui l'intéressent.

Nous savons que l'autorisation doit être spéciale. S'il s'élève quelque difficulté sur la question de savoir si l'acte passé par la femme est bien celui qu'énonce l'autorisation, on a recours aux règles générales sur l'interprétation des termes obscurs.

Un premier point incontestable, c'est que la femme autorisée à vendre un immeuble, ne peut pas emprunter, hypothéquer cet immeuble ou en faire l'objet, d'une donation déguisée sous forme de vente. Autorisée à plaider, elle ne peut ni transiger, ni acquérir, ni se désister ; elle est même incapable d'accepter ou de déférer le serment décisoire ; de plus l'autorisation de plaider ne s'étend pas à toutes les phases du procès, elle est restreinte à la juridiction pour laquelle elle a été spécialement accordée. Il lui faudra une autorisation nouvelle pour le suivre en appel ou se pourvoir en cassation. De même la femme autorisée à faire le commerce est incapable de contracter une Société commerciale sans une autorisation spéciale.

Ce principe que l'autorisation de faire un acte n'implique pas la faculté de faire un acte d'une nature différente, ne doit pas être poussé jusqu'à l'absurde. On admet sans controverse que l'autorisation de faire un acte, rend la femme capable de faire tous les actes qui sont la conséquence nécessaire ou naturelle du premier. C'est ainsi que la femme autorisée à faire le commerce, peut valablement, non-seulement se livrer aux opérations commerciales proprement dites, acheter des marchandises, louer des magasins, engager des employés, souscrire ou endosser des effets ; mais encore figurer sans autorisation nouvelle dans des contrats qui n'ont rien de commercial par leur nature. Elle peut, par exemple acheter un ou plusieurs immeubles, les hypothéquer, si cette acquisition ou cette hypothèque sont nécessitées par les besoins de son commerce.

SECTION II

EFFETS DE L'AUTORISATION A L'ÉGARD DU MARI

Les effets de l'autorisation à l'égard du mari varient suivant qu'elle a été accordée par le mari lui-même ou par le juge.

A. *Effets de l'autorisation maritale à l'égard du mari.* — En principe celui qui accorde à quelqu'un l'autorisation de faire un acte, n'entend point se soumettre personnellement aux conséquences de cet acte. Aussi est-il protégé par la maxime : *qui auctor est non se obligat.* Le mari en autorisant sa femme ne contracte aucune obligation personnelle, son office est de relever la femme de son incapacité ; mais il reste absolument étranger au contrat passé par elle ou à l'instance où elle figure. S'il y intervient c'est comme mari, et pour exercer le contrôle qui découle de la puissance maritale et non comme partie.

Le régime adopté par les époux peut toutefois modifier ce principe. Ainsi le mari auquel le contrat de mariage donne la jouissance des biens de sa femme se trouve obligé jusqu'à concurrence de cette jouissance, par les actes qu'il autorise sa femme à consentir ou par les jugements rendus sur des instances qu'elle a soutenues avec son autorisation. Ces obligations et ces jugements sont exécutoires sur la pleine propriété des biens de la femme, sans réserve du droit d'usufruit du mari. S'il l'a autorisée à vendre un de ses immeubles, la vente comprend la pleine propriété de cet immeuble, encore que l'usufruit en soit réservé au mari.

Ces conséquences de l'autorisation maritale sont basées sur une présomption de volonté de la part du mari. On présume, en effet, que par le fait seul de son autorisation, il a entendu assurer à la femme une capacité aussi complète que si elle n'était pas mariée, et aux tiers le bénéfice de cette capacité. Par suite l'autorisation de vendre contient une exception à la disposition portée dans l'art. 621 du Code civil, en ce sens qu'elle emporte de sa part, renonciation à l'usufruit de la chose vendue, à moins qu'il ne se soit expressément réservé cet usufruit. Cette réserve est de droit commun, car cette renonciation à l'usufruit n'étant pour nous que la conséquence d'une présomption de volonté, il est toujours loisible au mari de protester contre cette présomption par la manifestation d'une volonté contraire.

Les conséquences de l'autorisation maritale sont encore plus rigoureuses pour le mari, quand les époux sont communs en biens. Dans ce cas, la règle : *qui auctor est non se obligat*, reçoit deux exceptions, consacrées par les articles 1409. 2° et 1419. Aux termes de ces articles, l'autorisation maritale oblige non-seulement la femme, mais encore la communauté et par voie de conséquence le mari.

Ces dérogations à la règle générale que la loi consacre au préjudice du mari se justifient par les considérations suivantes. Sous le régime de communauté les bénèfices sont communs ; de plus ils sont à la disposition du mari qui peut les dépenser arbitrairement et à la satisfaction exclusive de ses besoins ou de ses passions. Le mari est donc le plus souvent intéressé dans les engagements contractés par sa femme commune en biens. C'est par exception que ces engagements intéressent exclusivement celle-ci. Il était donc à craindre que le mari n'abûsât de son influence pour déterminer la femme à contracter dans son propre intérêt ou dans l'intérêt de la communauté. D'autre part, il n'était pas équitable d'astreindre les tiers à rechercher la cause véritable de l'engagement pris par la femme et l'intérêt correspondant que chacun des époux pouvait en retirer. C'eût été d'ailleurs, pour employer une expression banale, couper tout crédit à la femme.

La première considération ne nous paraît pas concluante. En effet l'influence du mari, à supposer qu'il l'exerce, existe indépendamment du régime matrimonial. En admettant même que le législateur se soit laissé déterminer par cette prétendue crainte des abus d'influence du mari, on ne s'explique pas pourquoi, le déclarant en principe responsable des actes, faits par sa femme sans autorisation, il l'a déchargé des conséquences de la vente faite dans les mêmes conditions. Car il y a tout autant de chances pour qu'il profite du prix de vente que pour qu'il profite de la somme empruntée. Et cependant obligé envers le prêteur, le mari ne l'est pas envers l'acheteur.

Quoiqu'il en soit et quelque défectueuse que nous paraisse cette raison, il est difficile d'en donner une autre qui soit plus plausible.

Mais remarquons que la présomption que l'obligation contractée par la femme autorisée l'a été dans l'intérêt commun des deux époux, n'est de droit qu'à l'égard des tiers; le mari est admis à prouver que l'affaire intéresse exclusivement la femme qui dans ce cas doit indemnité au mari ou à la communauté.

Il existe cependant deux cas où même sous le régime de communauté l'autorisation du mari n'a pas pour effet de l'obliger aux dettes contractées par la femme.

Le premier se présente quand le mari a autorisé sa femme commune à accepter une succession purement immobilière. Il ne se trouve alors obligé envers les créanciers héréditaires que jusqu'à concurrence de l'usufruit qu'il a sur les biens de la femme et il ne peut être poursuivi personnellement sur ses propres biens ni sur ceux de la communauté (1413).

Le second cas est celui où le mari a autorisé sa femme commune à vendre un de ses immeubles personnels. Il n'est encore obligé que jusqu'à concurrence de l'usufruit qu'il a sur cet immeuble; mais il n'est pas engagé personnellement à la garantie de l'éviction. L'art. 1432 suppose en effet qu'il ne peut être inquiété qu'autant qu'il a *garanti* solidairement ou autrement la vente du dit immeuble.

Ces deux exceptions aux art. 1409 et 1419 se concilient parfaitement avec le principe qui rend le mari responsable des actes de sa femme commune qu'il autorise. La loi, avons-nous dit, présume qu'en général, sous le régime de communauté, le mari a un intérêt personnel ou commun dans les actes passés par sa femme. Mais il est manifeste que le mari n'a pas d'intérêt à l'acceptation d'une succession purement immobilière ou à la vente d'un propre de la femme. Du reste, la nature de ces actes ne permet pas aux tiers de se méprendre sur le but de l'intervention du mari. Nous acceptons cette explication, sous la réserve que nous avons signalée plus haut.

On s'est demandé s'il ne fallait pas généraliser les exceptions portées aux articles 1413 et 1432 et les étendre aux cas où l'acte est d'une nature telle qu'il est évident qu'il ne concerne que l'intérêt de la femme. Nous pensons que la généralité des termes employés par les articles 1409 2° et 1419 exclut complétement cette extension, et qu'il est impossible de l'admettre.

L'art. 220 qui déclare le mari engagé, en cas de communauté par les actes de sa femme marchande publique n'est qu'une application pure et simple des articles 1409, 2° et 1419, puisque nous avons vu que la femme ne pouvait être marchande publique sans le consentement de son mari et que cette qualité n'avait pas pour effet de la soustraire à la nécessité de l'autorisation, mais seulement à la spécialité de l'autosation.

Le mari de la femme commune et commerçante est-il contraignable par corps, dans la mesure des engagements contractés par elle avec son autorisation?

Bien que l'ancien droit admît l'affirmative, la négative est aujourd'hui généralement suivie. On comprend que la femme commerçante qui contracte comme

12

marchande publique s'oblige par corps, sa dette est commerciale. Quant au mari, il n'a pas été partie au contrat, il n'est intervenu qu'en vertu de sa puissance maritale et pour relever sa femme de son incapacité de femme mariée. D'ailleurs nulle part, la loi ne la prononce expressément contre le mari dans le cas qui nous occupe, et l'art. 2063 défend aux juges de la prononcer en dehors des cas prévus. Il est bien vrai que l'art. 1er de la loi du 17 avril 1832, l'applique à toute personne condamnée pour dette commerciale, et que le mari se trouve bien condamné pour cette cause; mais ce texte n'est vrai qu'autant que celui qui est condamné a lui-même contracté la dette. Le mari, nous l'avons dit, est resté étranger à l'engagement qui a créé la dette. En outre il a été formellement exprimé dans la discussion à laquelle a donné lieu l'article 220, que l'obligation de la femme n'emporterait pas contrainte par corps contre le mari.

Au surplus cette question n'a qu'un intérêt rétrospectif, puisque la contrainte par corps pour dettes commerciales a été abolie en 1867.

B. *Effets de l'autorisation de justice à l'égard du mari.* — L'autorisation de justice n'a pas des effets aussi étendus que l'autorisation maritale, à l'égard du mari.

En principe, l'autorisation de justice ne préjudicie pas au mari. Quelque soit le régime adopté par les époux, les actes de la femme n'engagent le mari ni sur ses biens, ni sur les biens de la communauté, ni même quant au droit d'usufruit que le contrat de mariage lui accorde sur les biens de sa femme. Les créanciers de la femme autorisée judiciairement, n'ont donc pour gage, dans cette hypothèse que la nue-

propriété des biens de celle-ci. C'est ce que décide
l'art. 1413 pour le cas où la femme accepte une succession avec l'autorisation de justice. Cette solution
doit-être admise même dans le cas où l'obligation de
la femme est valable sans qu'elle ait eu besoin d'autorisation, c'est-à-dire lorsqu'elle découle de la loi, ou
qu'elle résulte de ses délits, de ses quasi-délits ou
quasi-contrats. L'art. 1424, décide en effet, que les
amendes encourues par la femme ne peuvent s'exécuter que sur la nue-propriété de ses propres, tant que
dure la communauté.

Il existe cependant deux cas où la communauté et
par suite le mari se trouvent obligés à raison des dettes
contractées par la femme autorisée judiciairement :
quand elles ont été contractées, pour tirer le mari de
prison ou pour l'établissement des enfants communs.
La nature des intérêts pour lesquels la femme s'oblige
dans ces deux circonstances, justifie suffisamment ces
exceptions.

L'art. 1426, tel qu'il est rédigé, semblerait apporter
une troisième dérogation au principe que l'autorisation
de justice ne préjudicie pas au mari. Cette rédaction
est évidemment vicieuse. Nous avons déjà eu l'occasion
de dire au cours de notre travail, que l'art. 220 n'é-
tait qu'une application des articles 1409 et 1419, et
que si la femme marchande publique engageait la
communauté, c'était comme conséquence de l'autorisation générale qu'elle avait reçue du mari : par suite
de cette assimilation de la femme commune commerçante avec la femme commune non commerçante, il
est impossible de décider que les obligations
contractées par la femme marchande publique, n'en-

gagent ses biens personnels que jusqu'à concurrence de la nue-propriété, si le mari en a la jouissance.

Quoique l'autorisation de justice ne soit pas opposable au mari ni à la communauté, il est bien évident qu'au cas où le mari ou la communauté profite des engagements pris par la femme autorisée judiciairement ils sont tenus *de in rem verso*. Ils sont également tenus dans cette limite au cas où la femme a contracté sans autorisation.

Les articles 1416 et 1450 règlent encore des hypothèses, où le mari se trouve responsable des actes passés par sa femme, abstraction faite de l'autorisation elle-même et seulement par suite d'un fait postérieur à l'autorisation de justice.

Aux termes de l'art. 1416, le mari est tenu de paiement des dettes héréditaires au cas d'acceptation par sa femme autorisée de justice, d'une succession partie mobilière, partie immobilière, s'il a omis de faire dresser un inventaire préalable. La responsabilité du mari résulte ici, non pas de cette circonstance que la femme a été autorisée de justice, mais bien d'un fait qui lui est personnel, à savoir qu'en laissant confondre par sa négligence, le mobilier héréditaire avec le mobilier commun, il a mis les créanciers dans l'impossibilité de déterminer la portion contributoire de chacun d'eux dans les dettes de la succession.

De son côté, l'art. 1450 décide que le mari est responsable du défaut d'emploi du prix de la vente d'un immeuble propre à la femme séparée de biens que celle-ci a consentie avec l'autorisation de justice, lorsqu'il a assisté ou donné son consentement à cette vente ou qu'il en a reçu le prix. Ici encore la responsabilité du mari résulte de son fait personnel. En parti-

cipant volontairement à un acte qu'il avait refusé
d'autoriser, il laisse supposer qu'il en a profité.

Il n'est pas douteux que le mari, maître d'autoriser
sa femme ou de ne pas l'autoriser, est également
maître de retirer l'autorisation qu'il a précédemment
donnée. Tout ce que la femme peut faire dans cette
circonstance, c'est de s'adresser aux tribunaux pour
obtenir une autorisation qui paralyse la révocation de
l'autorisation maritale.

Il est un seul cas où l'autorisation maritale n'est
pas révocable, c'est quand elle résulte des stipulations
du contrat de mariage. Il est de règle générale, en
effet, que les conventions matrimoniales ne peuvent
être modifiées pendant le mariage. Permettre de révoquer une autorisation consignée dans le contrat de
mariage, l'autorisation de faire le commerce, par
exemple, c'eût été porter atteinte au principe de l'ir-
révocabilité des conventions matrimoniales.

A l'égard des tiers, la révocation n'a d'effet que
pour l'avenir et encore faut-il qu'ils aient pu la connaître. La loi n'a pas déterminé les moyens propres à
porter la révocation de l'autorisation à la connaissance
des tiers. En traitant de l'autorisation maritale nécessaire à la femme pour entreprendre le commerce, nous
avons décidé qu'il appartenait aux tribunaux d'apprécier, d'après les circonstances et la bonne foi des parties, si la publicité de la révocation était suffisante.
Cette opinion nous paraît devoir être généralisée.

Le mari peut-il également révoquer l'autorisation de
justice? Incontestablement non. Nul ne peut, de sa
seule autorité, réformer un acte de l'autorité judiciaire. Le mari qui veut obtenir le retrait de l'autori-

sation judiciaire n'a d'autre recours que de se pourvoir à cet effet devant les tribunaux, en suivant les formes prescrites à la femme pour se faire autoriser judiciairement.

CHAPITRE VI

DES EFFETS DU DÉFAUT D'AUTORISATION

La sanction de la nécessité de l'autorisation maritale ou de justice consiste dans la nullité des actes faits par la femme mariée qui n'a pas été autorisée. Autrefois et avant la réformation des Coutumes, l'opinion générale attribuait pour fondement unique à l'incapacité de la femme l'intérêt de la puissance maritale. Par suite, le défaut d'autorisation n'était considéré que comme une atteinte portée à l'autorité du mari. Aussi la plupart des Coutumes décidaient-elles que le mari seul pouvait se prévaloir de la nullité de l'acte consenti par sa femme non autorisée.

Cette doctrine changea après la réformation des Coutumes. On fit reposer la nécessité de l'autorisation maritale à la fois sur la puissance maritale et sur l'intérêt de la protection dû à la femme. Les mœurs s'opposaient même à ce qu'une femme mariée pût se mettre en rapport avec les tiers sans y être autorisée par son mari. Son intervention libre dans les contrats était considérée comme un outrage à la décence publique. L'autorisation fut dès lors exigée autant comme une forme essentielle du contrat que comme une garantie d'ordre public. La conséquence de ce double caractère fut d'attribuer l'action en nullité résultant du défaut d'autorisation, non-seulement au mari, mais encore à la femme et aux tiers qui avaient contracté

avec elle. L'autorisation maritale devint donc nécessaire à l'existence de l'acte et l'absence d'autorisation
donnait ouverture à l'action en nullité, alors même que
l'acte consenti n'était aucunement préjudiciable à la
femme.

Ces principes ont-ils passé dans notre législation
sans modification? Nous avons déjà tranché cette
question au début de notre travail. En plaçant la raison
d'être de l'incapacité de la femme dans la nécessité
d'une administration unique des intérêts matrimoniaux,
nous avons établi que l'autorisation était exigée dans
l'intérêt commun des deux époux.

Les conséquences de l'acte fait par la femme sans
autorisation se rapprochent bien plus qu'autrefois de
celle de l'acte fait par le mineur non autorisé. La loi
les range à cet égard sur la même ligne et, dans les
deux cas, déclare les tiers non recevables à invoquer
le défaut d'autorisation pour faire rescinder les actes
qu'ils ont consentis avec la femme et le mineur non
autorisés.

L'incapacité de la femme, n'étant plus considérée
aujourd'hui comme étant d'ordre public, du moins au
sens qu'on lui attribuait dans l'ancien droit, il était
rationnel de n'accorder l'action en nullité résultant du
défaut d'autorisation qu'à la femme et au mari.

L'art. 225 en déterminant les personnes qui peuvent
se prévaloir du défaut d'autorisation et l'art. 1125 en
déterminant celle qui ne peuvent s'en prévaloir, ont
consacré le caractère de relativité que la logique juridique commandait d'attacher à cette action en nullité ·

La nullité fondée sur le défaut d'autorisation dit l'art.
225 ne peut être opposée que par la femme, par le

mari ou par leurs héritiers. Cet article est complété par la disposition finale de l'art. 1125 ainsi concu : « les personnes capables de s'engager ne peuvent opposer l'incapacité du mineur, de l'interdit ou de la femme mariée avec qui elles ont contracté. »

Aux termes de l'art. 225 les seules personnes admises à invoquer la nullité des actes faits par la femme non autorisée sont : 1° le mari ; 2° la femme ; 3° leurs héritiers.

1° *La femme*, parce quelle a manqué de la protection dont la loi l'entoure par la nécessité de l'autorisation. Il est juste qu'elle soit protégée contre l'exécution de l'acte qu'elle a inconsidérément consenti, si elle n'a pu être protégée contre l'engagement.

Elle peut invoquer cette nullité, aussi bien pendant le mariage qu'après sa dissolution ; car à toute époque son intérêt existe. Du reste la loi est formelle sur ce point.

L'annulation des actes passés par la femme non autorisée ne serait donner lieu contre elle à des dommages-intérêts alors même qu'elle aurait dissimulé sa qualité de femme mariée. Car en faisant rescinder son engagement la femme ne fait qu'user d'un droit et quiconque use d'un droit ne cause à autrui aucun préjudice injuste, susceptible de réparation. Elle peut donc demander la nullité dans tous les cas, eût elle trompé les tiers avec lesquels elle a contracté, par exemple en prenant dans l'acte la qualité de veuve ou en se disant faussement mandataire de son mari ou dûment autorisée par lui. Les tiers ont eu tort de ne pas s'assurer de la capacité de la femme avec laquelle ils ont traité et de se contenter d'une simple allégation sans prendre

le soin de ia vérifier. Admettre la validité des engagements de la femme dans ces conditions, ce serait
assurément rendre illusoires les incapacités légales,
puisque rien ne serait plus facile que de les éluder.

Cette solution est d'ailleurs conforme au principe
consacré par l'art. 1307 qui décide que la simple déclaration faite par le mineur ne fait point obstacle à sa
restitution. Toutefois nous ne pensons pas que l'assimilation des deux situations soit complète et nous fai-
sons une réserve pour le cas où la femme s'est bornée
à déclarer qu'elle n'est pas mariée. En effet, quand il
s'agit d'un mineur le tiers, quelque renseignements
qu'il ait pris pour vérifier la sincérité de la déclaration
de majorité est toujours en faute de s'être laissé
trompé, car il avait un moyen bien simple et à la
portée de tout le monde de s'assurer de la vérité, en
exigeant la représentation de l'acte de naissance de
son co-contractant. Mais il n'en est plus de même quand
il a traité avec une femme qui lui a déclaré n'être pas
mariée. Aucune faute ne lui est imputable. On peut
bien exiger d'une femme la représentation de l'acte
constatant qu'elle est veuve ; l'acte du décès du mari
ou à son défaut un acte de notoriété suffit à établir
cette preuve. Mais il n'existe aucun acte justificatif
susceptible de constater qu'une femme n'est point
mariée. Rendre le tiers responsable en pareil cas de son
erreur, c'eût été rendre très difficile pour les femmes
célibataires la possibilité de contracter, à raison de la
suspicion qui s'attacherait toujours à leur déclaration.
C'eût été tuer entièrement leur crédit ou les exposer
à concéder des avantages réels exhorbitants en compensation de la chance présumée de nullité à laquelle les
tiers se croiraient exposés en contractant avec elle.

Nous croyons donc que si le tiers a pris tous les renseignements désirables pour ne pas être trompé et que néanmoins il n'ait point découvert la fausseté de la déclaration de la femme, il sera à l'abri de l'action en nullité. Seulement, le Tribunal aura à décider si en fait, il a pris des précautions suffisantes.

Nous déciderons de même au cas où la femme a employé des manœuvres frauduleuses pour induire le tiers en erreur sur sa véritable qualité et l'engager par suite à traiter avec elle. Je suppose, par exemple qu'elle ait produit un faux acte d'autorisation ou pour faire croire qu'elle n'avait pas besoin d'autorisation, qu'elle ait apporté un f.ux acte de décès de son mari. Ici la femme ne se borne plus à faire une simple déclaration de capacité. elle commet un délit dont elle n'est pas restituable aux termes de l'art. 1310. Le maintien de l'engagement en pareil cas est à coup sûr la réparation la plus équitable et la plus conforme aux principes de l'art. 1382, qu'on puisse imposer à la femme.

Appliquerons-nous la règle *error communis facit jus* dans le cas où la femme mariée passe dans l'opinion publique pour fille ou pour veuve ? ou dont le mari a disparu depuis longtemps à la suite d'un accident, d'un naufrage, par exemple ?

Dans l'intérêt de la sécurité des conventions et pour protéger les tiers qui ont traité avec une femme sur la foi de l'erreur commune, il y a lieu d'adopter l'affirmative, mais nous sommes d'avis que la règle *error communis facit jus* doit être appliquée dans ces circonstances avec la plus extrême circonspection.

Il est à peine besoin d'ajouter que si le mariage n'était resté secret que par la faute des époux, les actes faits par la femme sans autorisation seraient valables, par exemple dans le cas où les époux mariés à l'étranger n'auraient pas assuré la publicité de leur mariage en France conformément aux prescriptions de l'art. 170 du Code civil.

Bien qu'en principe le tiers avec qui la femme a traité soit irrecevable à invoquer la nullité résultant du défaut d'autorisation, il se trouve néanmoins protégé contre l'action de la femme tant qu'il n'a pas exécuté le contrat, et peut se refuser à l'exécuter jusqu'à ce que celle-ci l'ait ratifié avec l'autorisation de son mari.

Prenons l'exemple d'un tiers qui a acheté d'une femme non autorisée un immeuble propre et auquel la femme réclame le paiement du prix. Encore qu'aucun texte spécial n'accorde expressément ce droit au tiers, on admet généralement qu'il est fondé à refuser le paiement tant que la femme n'a pas ratifié la vente avec le consentement du mari. La loi, en effet, reconnaît bien à la femme le droit d'opter entre la validité et la nullité du contrat, mais non celui de le considérer comme nul à son égard et valable à l'égard du tiers obligé envers elle. On ne peut exiger que le cocontractant exécute le contrat, quand soi-même on refuse de l'exécuter loyalement Si le tiers n'avait pas ce droit, il serait fatalement exposé à perdre la chose et le prix, au cas où la femme après avoir follement dissipé son prix de vente, se prévaudrait de la nullité du contrat pour reprendre la chose vendue. L'acheteur serait donc victime d'avoir exécuté scrupuleusement le contrat puisque la femme qui a touché et dissipé les deniers serait protégée par l'art. 1312 qui décide qu'elle n'est tenue d'aucune restitution dans ce cas. L'équité commande en effet de régler cette hypothèse

par les principes généraux de l'art. 1653 aux termes
duquel le tiers acquéreur qui a juste sujet d'être troublé peut suspendre le paiement du prix, jusqu'à ce
que le vendeur ait fait cesser la cause du trouble, si
mieux n'aime celui-ci donner caution.

Il est bien entendu que les tiers qui n'ont pas contracté avec la femme ne peuvent pas attaquer le contrat qu'elle a fait sans autorisation, de même que les
tiers qui n'ont pas figuré dans l'instance où la femme
était engagée sans autorisation n'ont pas d'action contre
le jugement.

Une question plus délicate est celle de savoir si la
règle que le tiers qui a contracté avec la femme n'est
point admis à se prévaloir du défaut d'autorisation ne
reçoit pas d'exception quand le tiers est un donateur.

Nous savons que la loi a entouré la donation de formes
solennelles essentielles à sa validité, et que l'absence
d'une de ces formes entache l'acte lui-même d'une
nullité absolue. Or si l'autorisation nécessaire à la
femme pour accepter une donation est considérée
comme une forme essentielle à sa validité, il faudra
décider que le défaut d'autorisation rend absolument
nulle la donation. Le doute vient de ce que c'est au
chapitre qui traite de la forme des donations entre-vifs
que la loi a imposé la nécessité de l'autorisation à qui
veut accepter une libéralité :

La présence de l'art. 934 sous la rubrique : *de la
forme des donations entre-vifs*, ne nous paraît pas un
argument concluant pour en tirer une exception à la
règle générale et absolue contenue dans les articles
225 et 1125 du code civil. En effet ce qui constitue la
solennité de la forme dans l'acceptation de la donation,
c'est la nécessité d'accepter en termes exprès par

acte authentique. Quant à la question de savoir si le consentement manifesté émane d'une volonté capable, c'est une question de capacité et non une question de forme ; elle doit être tranchée par les règles relatives à la capacité et non par les règles relatives à la forme de l'acceptation. L'art. 934 se réfère donc nécessairement aux articles 217 et 219. L'art. 776 trace des règles identiques à l'égard de la femme mariée qui accepte une succession, et il ne vient à la pensée de personne de soutenir que cet article a entendu régler autre chose qu'une question de capacité.

Au surplus la solemnité de la forme dans la donation étant une garantie accordée au donateur, lorsque ces formes ont été observées et elles le sont quand l'acceptation a eu lieu par acte authentique, le donateur a été entouré des garanties que la loi a organisées en sa faveur. Pourquoi en trouverait-il une nouvelle et inattendue dans le cas où la donataire est une femme mariée ? Comment admettre que l'existence du mari pourrait l'empêcher d'être obligé ?

Supposons maintenant que la femme mariée veuille demander la nullité d'un acte qu'elle prétend avoir fait sans autorisation. Lui suffira-t-il de prouver sa qualité de femme mariée, en rejetant sur son co-contractant la charge de prouver l'existence de l'autorisation ? Et au cas où c'est le mari qui se prévaut du défaut d'autorisation, est-ce à lui à prouver que la femme a été valablement autorisée ?

On doit admettre à notre avis, que la preuve de l'autorisation est à la charge des tiers, et qu'il suffit à la femme ou au mari d'établir sa qualité de femme mariée. Il est de principe, en effet, que la femme mariée est incapable de contracter sans autorisation ; ce n'est qu'exceptionnellement qu'elle est capable, et l'exception ne se présumant pas, c'est donc au tiers à justifier de la situation exceptionnelle qu'il invoque.

2° *Le mari.* Le mari peut toujours pendant le mariage se prévaloir du défaut d'autorisation 1° par ce que son autorité maritale a été méconnue ; 2° par ce que l'intérêt matrimonial a été lésé.

On comprend que le mari puisse invoquer la nullité au cours du mariage. L'atteinte portée à la puissance maritale suffit à motiver son action ou nullité, alors même que ses intérêts pécuniaires n'ont pas été lésés. Mais il semble qu'après le mariage les mêmes motifs n'existent plus d'attribuer au mari le moyen tiré du défaut d'autorisation. En effet la puissance maritale cessant avec le mariage, l'intérêt moral qu'avait le mari à exercer l'action en nullité, disparait après la mort de la femme. Et comme le mari n'a plus d'intérêt pécuniaire à se prévaloir de cette nullité, puisque les actes pasés par sa femme non autorisée ne causent aucun préjudice à sa fortune personnelle, on est donc amené à décider que la mort de la femme éteint l'action en nullité du mari. C'est sur ce raisonnement que la plupart des auteurs fondent la distinction qu'ils établissent entre la situation qui lui est faite pendant le mariage et celle qui lui est faite après, quant à l'exercice de l'action en nullité. On argumente même en faveur de cette distinction de ce que l'art. 225 ne donne l'action en nullité qu'au *mari*, et qu'après la dissolution du mariage, il n'y a plus de mari.

Tout en admettant que l'intérêt est la mesure des actions nous repoussons cette théorie parcequ'il n'est pas exact de soutenir que le mari n'a jamais aucun intérêt pécuniaire autre que celui de son autorité maritale, à faire annuler soit pendant, soit après le mariage l'acte consenti par sa femme non autorisée.

Je suppose les époux séparés de biens. Sous ce régime c'est la femme qui doit supporter exclusivement les charges du ménage, si le mari n'a aucune fortune personnelle. J'admets que le mari n'a rien tandis que la femme est millionnaire. Ici il y a un intérêt évident pour le mari, pour la famille dont il est le protecteur à demander la nullité des actes consentis par la femme sans autorisation, lorsque ces actes sont de nature à entraîner sa ruine et par suite à compromettre gravement l'avenir de l'association conjugale.

Nous reconnaissons que l'intérêt pécuniaire du mari se présentera plus rarement après le mariage. Mais il n'est pas impossible cependant de trouver des cas où il existe.

Qu'une femme commune renonce sans autorisation à une succession mobilière avantageuse. Cette renonciation lèse évidemment le mari, puisqu'elle prive la communauté d'un enrichissement certain.

Enfin il peut se faire qu'à la dissolution du mariage, la femme se trouve débitrice envers le mari, soit en vertu d'une dette antérieure au mariage et non acquittée, soit même en vertu d'une dette née pendant le mariage. Cette dernière hypothèse se présente quand la femme commune doit récompenser ou indemnité à la communauté et que la femme renonce à cette communauté à la dissolution du mariage. Le mari devient alors créancier personnel de sa femme jusqu'à concurrence du montant de l'indemnité dont elle est débitrice envers la communauté. Si au cours du mariage la femme s'est obligée envers un tiers sans autorisation

et postérieurement à la dissolution de la communauté
elle ait ratifié l'acte annulable, le mari pourra avoir
grand intérêt à l'attaquer comme mari, abstraction
faite de la question de savoir s'il peut l'attaquer comme
créancier. Le préjudice que l'acte de la femme non autorisée lui a porté dans ce cas en le soumettant à la loi
du dividende est la raison d'être et la mesure de son
action en nullité.

Ainsi tout en reconnaissant que le mari sera souvent
irrecevable à exercer l'action en nullité, nous croyons
qu'il pourra le faire toutes les fois qu'il aura un intérêt légitime à l'annulation de l'acte, encore que cet
intérêt ne soit point celui de l'autorité conjugale. On
ne comprendrait pas d'ailleurs que la mort de la femme
pût paralyser l'action en nullité née au profit du mari
au jour de la confection de l'acte, comme elle paralyse-
rait les actions pénales auxquelles elle aurait pu être
exposée de son vivant. Et comme la loi ne range point
la mort de la femme parmi les causes d'extinction de
l'action en nullité, on ne voit pas pourquoi on supplée-
rait à son silence, surtout en présence du texte formel
de l'art, 225 qu'attribue cette action au mari sans distinction. D'un autre côté cet article en n'établissant
pas de différence entre l'action en nullité de la femme
et celle du mari indique assez que le législateur n'a pas
entendu limiter à la durée du mariage la durée de l'action en nullité du mari.

3° *Par leurs héritiers.* — L'art. 225 après avoir accordé l'action en nullité au mari et à la femme ajoute :
et à leurs héritiers. Ainsi formulée cette extension comprend aussi bien les héritiers du mari que les héritiers
de la femme.

13

Ce point hors de doute pour les héritiers de la femme
qui ont le même intérêt et conséquemment le même
droit que leur auteur d'invoquer la nullité, a été con-
testé cependant en ce qui concerne les héritiers du
mari, sous prétexte qu'ils se trouvent sans intérêt légitime à le faire. Sans doute ils n'ont aucun intérêt
moral à invoquer puisque la puissance maritale s'étei-
gnant avec le mariage, il n'ont pas qualité pour se
plaindre des atteintes qui lui ont été portées. Mais nous
venons de voir qu'il y a des cas où le mari est pécu-
niairement intéressé à se prévaloir de la nullité résultant du défaut d'autorisation et nous ne voyons pas
dès lors pourquoi ses héritiers seraient irrecevables à
user d'un droit qu'ils trouvent dans la succession de
leur auteur et que leur accorde d'ailleurs si expressément l'art. 225.

Les créanciers de la femme ont ils eux-mêmes et en
leur seule qualité de créanciers le droit d'invoquer la nullité du chef de leur débitrice aux termes de l'art. 1166
du Code civil? Cette question vivement débattue est
généralement tranchée dans le sens de l'affirmative.

En faveur de l'opinion contraire, on invoque la
forme restrictive que l'art. 225 emploie, en disant que
la nullité ne peut être invoquée *que* par la femme, le
mari ou leurs héritiers. On ajoute encore que le droit
attribué par cet article est un droit exclusivement attaché aux personnes qu'il énumère; que pour la femme,
le mari ou leurs héritiers, la question de savoir s'il y
a lieu de maintenir les engagements consentis par la
femme sans autorisation est une pure question de
conscience dont ils doivent être les seuls juges.

Malgré la valeur de ces arguments, nous nous rangeons à l'opinion qui décide que le défaut d'autorisation peut être opposé par les créanciers de la femme.

Le droit de se prévaloir de la nullité des actes contractés par la femme sans autorisation ne nous paraît pas en effet exclusivement attaché à la personne, puisque ce droit est transmissible héréditairement, et qu'après le mariage le mari et ses héritiers peuvent l'exercer quand leur intérêt pécunaire est en jeu.

Il n'y a donc aucun motif juridique pour apporter en cette matière une dérogation au principe général formulé dans l'art. 1166. L'art. 225 n'a pas d'ailleurs, à notre avis, le sens restrictif qu'on lui attribue. Il n'exclut pas, comme on le prétend, les créanciers de la femme de l'exercice de l'action en nullité. Cette nullité est relative sans aucun doute, mais en ce sens seulement que le Code ne lui a pas conservé le sens absolu que l'ancien droit lui reconnaissait et qui permettait aux tiers co-contractants de la femme de s'en prévaloir. Cette considération historique suffit donc à expliquer la forme restrictive de l'art. 225. En consacrant le principe de relativité de l'action en nullité attribuée aux incapables, l'art. 1125 justifie pleinement l'interprétation que nous venons de donner. Il n'exclut, en effet, du droit de s'en prévaloir que les personnes qui ont traité avec eux.

Pour les mêmes motifs, nous accorderons aux créanciers du mari le droit d'invoquer la nullité en vertu de l'art. 1166.

L'acte fait par la femme sans autorisation n'est qu'annulable, avons-nous dit. Il est donc susceptible de devenir valable par la ratification.

Qui peut ratifier? Dans quelles formes la ratification

doit-elle avoir lieu ? Telles sont les deux questions qui nous restent à examiner pour compléter notre travail.

La ratification n'étant autre chose que la renonciation à l'action en nullité elle-même, peut être faite par tous ceux qui sont recevables à attaquer l'acte entâché de nullité.

La ratification est de deux sortes : Elle est expresse ou tacite. La ratification *expresse* n'est valable, aux termes de l'article 1338, qu'autant qu'on y trouve la substance de l'obligation, la mention du motif de l'action en nullité et l'intention de réparer le vice sur lequel elle est fondée. Pour ratifier valablement, la femme devra donc se pourvoir de l'autorisation de son mari ou de justice, autrement sa ratification serait inopérante, comme entâchée du même vice que l'engagement qu'elle se propose de ratifier.

La ratification *expresse* résulte de l'exécution volontaire du contrat après l'époque où il pouvait valablement être ratifié ? Elle résulte aussi de la prescription de l'action en nullité, du moins dans l'opinion de ceux qui pensent que l'exception de nullité, s'éteint en même temps que l'action.

La ratification expresse peut être faite par le mari pendant et après le mariage, puisque à toute époque, selon nous, il a le droit de se prévaloir de la nullité. Elle peut également être faite par la femme pendant et après le mariage. Mais pour que la ratificationn faite par la femme au cours de mariage soit valable, il faut qu'elle soit autorisée. La nécessité de l'autorisation ayant été organisée en partie dans l'intérêt de la femme, l'affranchir de cette formalité, quand elle veut ratifier, c'eût été lui permettre de se priver d'une protection que la loi a jugé nécessaire de lui imposer, puisque les tiers en traitant avec elle ne manqueront jamais d'exiger cette ratification aussitôt aprés la confection de l'acte.

Après la dissolution du mariage la femme dégagée de la puissance maritale recouvre toute sa capacité et peut en conséquence ratifier sans autorisation.

L'exécution volontaire de l'acte par la femme soit pendant, soit après le mariage, constitue, à n'en pas douter, une ratification tacite toute aussi efficace que la ratification expresse. Elle est en effet l'expression la plus matérielle et la plus effective de l'intention de renoncer à l'action en nullité et elle doit produire le même effet que la ratification expresse, quand la femme est autorisée à cet effet.

Quant à la ratification tacite résultant de l'extinction de l'action en nullité par voie de prescription, elle a lieu à l'égard du mari aussi bien pendant le mariage qu'après sa dissolution. Mais à l'égard de la femme elle ne peut avoir lieu qu'après le mariage, parce que, comme nous allons le voir, la prescription de l'action en nullité qui lui appartient est suspendue tant que le mariage subsiste.

La ratification faite par la femme seule pendant le mariage, qu'elle soit expresse ou tacite, ne produit aucun effet à l'égard du mari. De même la ratification de la femme postérieure au mariage n'est pas opposable aux héritiers du mari. Mais la ratification faite par la femme avec le consentement du mari rend ce dernier non recevable à demander la nullité de l'acte ratifié. En effet l'acte contient désormais toutes les conditions nécessaires à sa validité ; l'autorisation maritale concourt avec la volonté de la femme, la capacité de celle-ci est complète ; l'autorité du mari, méconnue d'abord a reçu satisfaction. L'acte est donc inattaquable comme s'il avait été valablement contracté *ab initio.*

En est-il de même de la ratifisation faite par la femme autorisée judiciairement? Rend-elle le mari non recevable à attaquer l'acte ratifié? Nous ne le croyons pas, nous avons dit qu'en principe l'autorisation de justice ne pouvait porter préjudice au mari. Or dans le cas qui nous occupe, le mari éprouverait un dommage, si la ratification judiciaire lui enlevait le droit d'intenter l'action en nullité née à son profit. Il est vrai que la loi a dérogé dans certains cas au principe que nous venons de rappeler ; mais chaque fois qu'elle l'a fait, elle a pris le soin de consacrer ses dérogations par des textes formels et nous n'en trouvons aucun qui soit relatif à la ratification des engagements consentis par la femme non autorisée.

L'autorisation de justice accordée à la femme pour ratifier ne peut produire selon nous que son effet ordinaire. Elle rend l'acte de ratification, mais non l'acte ratifié, valable à l'égard du mari.

En s'affranchissant de la nécessité de l'autorisation pour réaliser l'acte entâché de la nullité, la femme a porté atteinte à la puissance maritale ; l'autorisation de justice. applicable seulement à l'acte postérieur de ratification, ne saurait donc enlever au mari le droit qu'il a puisé dans la méconnaissance de son autorité. Avec la solution que nous donnons, la femme ne conserve pas moins le bénéfice de sa ratification, puisque cette ratification valable à son égard, aura pour effet de rendre l'acte absolument inattaquable, si le mari laisse prescrire son action en nullité.

Nous limitons toutefois notre solution au cas où la femme veut ratifier un acte pour lequel l'autorisation

judiciaire lui aurait été nécessaire par suite de refus
du mari ; mais il va de soi, qu'il y a lieu de la repousser quand la femme veut ratifier un acte pour la
validité duquel l'autorisation de justice suffisait par
suite de l'impossibilité matérielle ou morale du mari,
de donner son autorisation. Dans ce cas, la ratification
faite avec le secours de justice seulement a un effet
général qui s'explique de lui-même. Le contrôle
réservé au mari, se trouvait en quelque sorte délégué
à la justice, puisqu'il était dans l'impuissance de
l'exercer. En s'abstenant de s'adresser aux tribunaux
pour obtenir l'autorisation qui lui était nécessaire en
pareil cas, elle n'a porté aucune atteinte à la puissance
maritale qui n'était pas en question. On ne peut donc
pas dire que la moidfication inséré dans l'art. 217 et le
principe qu'il formulait enlevait à sa femme son action
en nullité.

Si l'on attribue en effet à la ratification expresse du
mari, l'effet d'éteindre l'action en nullité de la femme
on est amené à attribuer un effet identique à la ratifi-
tacite. c'est-à-dire au silence gardé par le mari pendant dix ans, puisque la loi ne distingue pas, quant
aux effets, entre la ratification expresse et la ratification tacite. Cette solution conduit à une anomalie
criante, car en supposant que le mariage ne soit pas
encore dissous, à l'époque où l'action en nullité du
mari est éteinte par prescription, il arriverait que l'action en nullité de la femme. serait éteinte par voie de
conséquence, alors qu'elle est présumée incapable
d'agir librement et avant l'époque que la loi a rationnellement fixée comme point de départ du délai de
prescription de l'action en nullité à son égard.

Au surplus il y avait des motifs sérieux pour que

ces autorisations données après coup parussent sus-
pectes à nos législateurs En traitant avec une femme
mariée non autorisé les tiers se savent menacés d'une
action en nullité. Dès lors il est raisonnable de supposer
qu'en prévision de cette éventualité,, ils ont exigé de
la femme des avantages réels, pour compenser la perte
que l'annulation est susceptible de leur faire éprouver.
Admettre que la ratification du mari a pour effet d'é-
teindre l'action en nullité, même à l'égard de la femme,
c'est les encourager à obtenir même à prix d'argent,
une ratification qui les mettra entièrement à l'abri de
l'action en nullité. C'est surtout en cas de séparation
de corps que la gravité de ce danger apparaît sérieusement. Qui ne voit que dans cette circonstance, le
mari cédera trop facilement aux sollicitations des tiers,
sous l'empire du ressentiment qu'il peut nourrir contre
sa femme.

La crainte de ce danger nous paraît avoir porté le
législateur à supprimer le principe inscrit dans la rédaction primitive de l'art. 217 et à n'attribuer qu'un
effet relatif à la ratification du mari.

Aux termes de l'art. 1304, le délai de prescription
de l'action en nullité est de dix ans. Quel est le point
de départ de ces dix ans?

Le principe général qui règle le point de départ des
délais de prescription relatifs aux actions en nullité,
c'est que la prescription, reposant sur une présomption d'adhésion volontaire au maintien de l'acte entâché
de nullité, suppose nécessairement que la partie dans
l'intérêt de laquelle le contrat est annulable en a eu
connaissance et qu'elle a été libre d'agir.

L'art. 1304 a fait l'application de ce principe et en re-
portant à la dissolution du mariage le point de départ

du délai judiciaire qui lui est accordé pour ratifier, quand le mari refuse de donner son autorisation, il lui enlève un droit qu'il a puisé dans la méconnaissance de son autorité, puisque cette autorité n'a pas été méconnue.

A l'inverse, la ratification donnée par le mari a-t-elle pour effet d'éteindre l'action en nullité à l'égard de la femme ? Deux opinions bien tranchées partagent la doctrine sur ce point important.

L'affirmative repose sur cette idée que la nullité n'étant fondée que sur le défaut de consentement du mari, la ratification de ce dernier suffit à couvrir le vice qui entachait le contrat et le rendait annulable. En effet, dit-on, au moment où elle intervient, l'acte réunit toutes les conditions nécessaires à la validité de son existence : le consentement du tiers, puisque celui-ci ne peut plus le retirer, le consentement de la femme qui pouvait invoquer la nullité et qui ne l'a point fait, et l'autorisation maritale. La co-existence de ces trois conditions lors de la confection de l'acte, l'aurait rendu inattaquable ; pourquoi en serait-il autrement quand le concours de ces trois conditions se réalise postérieurement. La nécessité de l'autorisation n'étant rien autre chose qu'un hommage rendu à la puissance maritale, la femme, en ratifiant avec le consentement de son mari, fait en quelque sorte amende honorable et le mari passe condamnation sur l'atteinte portée à son autorité.

Cette argumentation paraît fortifiée par cette circonstance que la rédaction primitive de l'art. 217 contenait un alinéa conçu en ces termes : « Le consentement du mari, « *quoique postérieur* à l'acte, suffit pour le valider. » Bien que cet alinéa n'ait pas été maintenu dans la rédaction définitive, on soutient que dans la discussion à laquelle il a donné lieu, les législateurs ont proclamé le principe qu'il contenait, et qu'ils ont entendu le maintenir dans l'article sans toutefois l'y exprimer formellement en substituant à la dernière partie de l'alinéa conçue primitivement en ces termes : « Le consentement du mari « par écrit, ou son concours dans l'acte, » la tournure grammaticale qu'il a conservée : « Le concours du mari « dans l'acte ou son consentement par écrit », voulant indiquer par là que le consentement du mari, pourvu qu'il fût donné par écrit, n'avait pas besoin de co-exister, comme son concours, avec l'acte lui-même.

Quoique très-subtile, cette théorie pourrait être acceptée, si la nécessité de l'autorisation maritale reposait exclusivement sur la puissance maritale.

Quant à nous, qui concevons l'incapacité de la femme mariée comme organisée en vue de la protection des intérêts collectifs de la famille, cette solution nous paraît peu conforme aux véritables principes. Il est d'abord inexact de prétendre que la ratification postérieure du mari rencontre la volonté persistante de la femme ; car la persistance de volonté de la femme est précisément en question. Les faits apportent même un démenti formel à cette présomption, puisque la question que nous cherchons à résoudre ne se présente qu'autant que postérieurement à la ratification du mari, la femme veut exercer son action en nullité, et que son attitude en pareille circonstance, est la protestation la plus énergique contre la persistance présumée de sa volonté.

Le silence de la femme qui s'abstient d'exercer son action en nullité, s'explique tout naturellement et tout humainement, ainsi que nous l'avons déjà dit, par la crainte qu'elle a de révéler à son mari la faute qu'elle a commise en s'affranchissant de son autorité pour contracter. Et ce qui le prouve bien, c'est que la loi ne fait courir le délai de prescription de son action en nullité que du jour de la dissolution du mariage, c'est-à-dire à une époque où la femme peut manifester librement sa volonté, tandis que le point de départ du délai de prescription de l'action qui appartient au mari peut coïncider avec l'existence même de l'acte entâché de nullité, s'il en a eu connaissance à ce moment-là. L'indépendance de ces deux actions vis-à-vis l'une de l'autre est donc un obstacle à ce que la renonciation du mari à celle qui lui appartient puisse entraîner l'extinction de celle de la femme. Cette action est un bien qui est entré dans son patrimoine; elle n'en peut être privée que si elle y renonce elle-même, soit expressément, soit tacitement.

· On ne saurait assimiler d'ailleurs la ratification du mari à celle que l'ascendant donne au mariage de son fils mineur marié sans son consentement. En attribuant à la ratification de l'ascendant l'effet d'éteindre l'action en nullité du mineur, l'art. 183 a établi une exception aux principes généraux par faveur toute spéciale pour le mariage dont les nullités troublent les familles et la société. Cette exception s'appuie sur un texte formel qui nous manque ici.

En admettant même que ce soit par inadvertance que le deuxième alinéa de l'art. 217 primitif ait été retranché de la rédaction définitive, il est impossible d'admettre en bonne argumentation que l'interversion puérile qu'a subie la dernière phrase du premier alinéa ait eu pour but de maintenir le principe formulé dans le second, à savoir que la ratification postérieure du mari suffirait à parfaire l'acte. Cette interversion nous paraît avoir été inspirée bien moins par la logique juridique que par la grammaire. Nous pensons d'ailleurs que ce n'est pas sans raison que nos législateurs ont retranché le deuxième alinéa primitivement de la prescription de l'action en nullité de la femme.

Pour l'action en nullité du mari c'est une question de savoir si elle est prescriptible. Une opinion soutient la négative en se fondant sur ce qu'elle est une conséquence de la puissance maritale qui est d'ordre public. Nous ne saurions adopter cette opinion. Nous savons, en effet, que la prescription n'est rien autre chose que la ratification tacite, et que celle-ci est mise par la loi sur le même rang que la ratification expresse qui n'est pas contestée au mari.

La doctrine est également partagée sur le point de départ de l'action en nullité du mari Suivant les uns, le délai de dix ans court du jour de la dissolution du mariage ; suivant les autres il commence le jour où le mari a connaissance de l'acte entâché de nullité.

Quoique le premier système soit plus conforme au texte de l'art. 1304 qui ne distingue pas entre l'action du mari et celle de la femme, nous adoptons le second, d'ailleurs plus généralement admis. D'abord il est plus conforme à l'esprit de l'art. 1304 lui même. Cet article, en effet, n'a incontestablement entendu fixer le point de départ des délais de prescription des actions en nullité qu'à l'égard des incapables seulement. Ce système a de plus le mérite selon nous d'être d'accord avec les principes généraux du droit sur la matière.

Remarquons que le délai de dix ans imparti pour invoquer l'action en nullité ne s'applique qu'aux actes extra-judiciaires. La nullité des jugements se prescrit par un temps beaucoup plus court. Et encore faut-il distinguer à cet égard, entre la femme défenderesse qui n'a procédé sans autorisation que parce que cette autorisation lui a été refusée, et la femme qui n'a procédé sans autorisation que parce que le demandeur n'a point assigné le mari à cette fin.

La première n'a d'autre voie de recours contre le jugement que l'opposition ou l'appel qui doivent être faits dans les délais légaux. Nous avons vu en effet que le refus du mari confirmé par la justice ne peut paralyser l'exercice du droit du demandeur qui a régulièrement assigné le mari à fins d'autorisation. Dans la deuxième hypothèse, la femme peut alors attaquer le jugement par toutes les voies ordinaires et de plus baser sa demande de nullité sur le défaut d'autorisation.

Nous en dirons autant de la femme qui agit en justice sans autorisation en qualité de demanderesse. Les voies de droit lui sont ouvertes pour attaquer le jugement rendu contre elle mais seulement pendant les délais ordinaires de l'opposition, de l'appel ou du pourvoi en cassation. Mais le point de départ de ces délais, que la femme agisse comme défenderesse ou comme demanderesse au procès est subordonné à la signification du jugement faite tant au mari qu'à la femme. L'effet de cette double signification explique pourquoi il était inutile d'accorder aux époux un délai de dix ans pour attaquer le jugement. La signification est une sorte de mise en demeure d'opter. Rien n'empêche le mari de former immédiatement sa demande en nullité, puisqu'il a connaissance de l'acte. De son côté la femme devient libre d'agir, puisqu'elle n'a plus à craindre que sa demande en nullité ne dévoile à son mari l'atteinte qu'elle a portée à son autorité en procédant sans autorisation. Aucun motif n'existait donc pour s'écarter des délais ordinaires impartis pour attaquer les jugements.

Quant aux héritiers du mari ou de la femme, le délai

de prescription de leur action en nullité courra contre
eux, s'il a commencé à courir contre leur auteur. Dans
le cas contraire il sera le même contre eux que contre
leur auteur. Le délai de dix ans accordé pour demander
la nullité des actes extra judiciaires consentis par la
femme sans autorisation nous paraît être moins un délai
préfixe qu'une véritable prescription, c'est-à-dire que
comme la prescription il n'est pas susceptible d'être sup-
pléé d'office par le juge et que les causes de suspension
ou d'interruption de prescription lui sont applicables ;
toutes conséquences qu'il faudrait écarter s'il était considéré comme un délai préfixe.

En effet de ce que l'art. 1304 ne donne pas à ce délai
le nom de prescription, et de ce que l'interprétation littérale de ces mots : « l'action *dure* dix ans », permet de
conclure que l'expiration de ce laps de temps éteint,
l'action de plein droit, il n'y a pas lieu selon nous d'en
induire que le législateur a entendu affranchir l'action en
nullité des règles de la prescription. D'abord, si ces mots
supportaient l'interprétation étroite qu'on leur donne, il
n'y aurait aucune raison pour ne pas l'étendre à l'art.
1234, qui dispose que l'obligation s'éteint par la prescription. Or personne n'osera soutenir qu'on doit conclure des dispositions de cet article à l'extinction de plein
droit de l'obligation après l'expiration du temps requis
pour la prescription. De plus, l'article 1676 du Code
civil fortifie notre système. En affranchissant expressément l'action en rescision pour cause de lésion de certaines règles de la prescription, il suppose par *a contrario*
qu'elle y serait soumise sans une disposition formelle à
cet égard. Cependant comme l'art 1304, il qualifie de
délai le temps après lequel elle peut être intentée. L'or-

donnance de 1810 en disant : l'action se *prescrit*, tranche d'ailleurs la question.

Si le silence gardé pendant dix ans entraîne la prescription de l'action en nullité, cela n'est vrai à notre estime qu'autant qu'il y a eu exécution du contrat, parce que après l'exécution, l'action en nullité étant le seul recours ouvert à la femme pour faire tomber l'acte qu'elle a consenti, son silence ne peut être expliqué autrement que par la volonté de ratifier cet acte. La situation de la femme est bien différente quand l'acte n'a pas encore été exécuté. Car à côté de l'action en nullité d'un contrat, il y a une exception dite de nullité qui permet à celui qui n'a pas encore exécuté son engagement de repousser la demande à fins d'exécution. Or il nous paraît anti-juridique d'admettre que le défaut d'exercice de l'action en nullité doive être considéré comme une ratification tacite de l'acte annulable, tant que l'exception de nullité peut être invoquée, c'est-à-dire tant que le contrat n'a pas reçu son exécution. Rien n'indique en effet jusque-là que le bénéficiaire de l'action en nullité a renoncé au droit de l'opposer par voie d'exception sur la demande en exécution, puisque celle-ci n'a pas encore été dirigée contre lui.

En d'autres termes nous croyons que la femme défenderesse à la demande à fins d'exécution peut invoquer l'ancienne règle : « *quœ temporalia ad agendum, perpe- « tua sunt ad excipiendum* », après l'extinction de son action en nullité par voie de prescription.

Les partisans de la doctrine contraire s'appuient sur ce que cette maxime, admise en droit Romain, ne s'appliquait pas à la *restitutio in integrum* avec laquelle notre action en nullité a quelques points de contact. Ils ajoutent que les motifs particuliers qui lui servaient de base n'existent plus aujourd'hui. Applicable seulement dans les cas où la loi subordonnait l'exercice de l'action en nullité à l'impossibilité pour le bénéficiaire de s'en prévaloir par un autre moyen, il était juste en effet, que l'exception survécût à l'action, sous peine de le dépouiller de toute voie de recours. Rien ne s'opposant en droit français à ce que l'action en nullité soit intentée dans le délai imparti par la loi, il n'y a aucune raison pour admettre la persistançe de l'exception de nullité, après l'extinction de l'action.

S'il était vrai que les motifs sur lesquels on s'appuie fusssent les motifs réels de la perpétualité de l'action, cette argumentation serait absolument concluante. Mais il n'en est pas ainsi. La preuve, c'est qu'à côté de l'action *quod motûs causâ* qui était temporaire, et qui n'entraînant pas l'infamie, pouvait être aussi librement intentée que le peut être aujourd'hui l'action en nullité résultant du défaut d'autorisation, il y avait l'exception perpétuelle *quod metùs causâ.* La perpétualité de l'exception n'avait donc pas pour raison d'è:re exclusive cette considération parfaitement applicable à notre droit, à savoir: qu'il ne dépend pas au bénéficiaire de l'action en nullité d'en faire usage quand bon lui semble. Il ne peut l'invoquer, en effet, qu'autant qu'il est actionné par son co-contractant, ce ne dépend pas de lui.

La solution contraire nous paraît d'ailleurs peu en harmonie avec l'idée fondamentale de la prescription. En effet, nous savons que la prescription repose pour beaucoup sur une idée de négligence imputable à celui qui la subit. Dans le cas qui nous occupe, la femme qui n'oppose pas une exception qu'il ne dépend pas d'elle d'opposer, n'est responsable d'aucune négligence. Admettre l'extinction simultanée de l'action en nullité et de l'exception correspondante, ce serait la rendre victime d'une situation qu'elle ne s'est point crée. A ce point de vue la prescription de l'exception de nullité manque donc de base. D'un autre côté, la prescription a pour but de prévenir des procès. Ne serait-ce pas au contraire les faire naître que de rendre prescriptible l'action en nullité? Quoique le silence de son créancier l'autorise à croire qu'il renonce à l'exercice de son droit entaché de nullité, la femme, dans la crainte de voir son exception s'éteindre par voie de prescription, se trouvera dans la nécessité d'exercer son action en nullité.

Pour toutes ces raisons nous pensons que la maxime : *quæ temporalia sunt ad agendum sunt ad excipiendum* est applicable au droit qu'a la femme de faire annuler les actes qu'elle a faits sans autorisation.

Terminons par un mot sur les effets de la nullité des actes faits par la femme non autorisée.

En général, lorsqu'une action en nullité ou en rescision est intentée en temps utile, si la convention qui fait l'objet de l'action est annulée, les choses sont remises dans l'état où elles étaient antérieurement. Aussi cette action est-elle comptée parmi les modes d'extinction des obligations. Mais il est à noter que l'action ne suffit pas pour opérer cette extinction ; il faut qu'il y ait annulation prononcée par jugement

Ce principe que l'annulation remet les choses en l'état souffre exception à l'égard des engagements pris par les femmes mariées non autorisées. Cette dérogation au droit commun est formellement exprimée dans l'art. 1312 qui décide que le remboursement de ce qui leur aurait été payé, ne peut être exigé, à moins qu'il ne soit prouvé que ce qui a été payé a tourné à leur profit.

Enfin, la nullité résultant du défaut d'autorisation est

proposable en tout état de cause, sous le bénéfice d'une distinction. S'agit-il d'un acte extrajudiciaire? La nullité proposable en première instance et en appel, ne le serait pour la première fois devant la Cour suprême. Car elle n'est pas d'ordre public. S'agit-il au contraire d'un jugement? La nullité est péremptoire et peut-être proposée pour la première fois en cassation ; car le jugement rendu contre une femme mariée non autorisée constitue par lui-même une violation directe de l'article 215 du Code civil.

POSITIONS

DROIT ROMAIN

I. — La *filia familias* est capable de s'obliger.

II. — La *manus* produisait des effets quant aux biens de la femme et quant à sa personne.

III. — Tout contrat entre le mari et la femme pendant la *manus* ne pouvait donner lieu qu'à une obligation naturelle.

IV. — La *manus* faisait subir à la femme une *capitis deminutio*.

V. — Le Sénatus-consulte Velléien a été motivé par des considérations politiques et sociales.

VI. — Le Sénatus-consulte Velléien n'est pas une innovation. Il n'est que la systématisation d'une jurisprudence antérieure.

VII. — Le Sénatus-consulte Velléien n'a pas pour effet d'interdire toute intervention de la femme dans les actes juridiques. Il se borne à prohiber l'intercession de la femme, c'est-à-dire son intervention au profit d'autrui.

VIII. — La loi 13 au Code (*ad Sena.-cons. Vell.*), ne s'oppose pas à ce que la femme qui emprunte pour son mari puisse invoquer le Sénatus-consulte contre le créancier, lorsque celui-ci n'ignore pas qu'elle emprunte pour autrui.

IX. — La femme ne peut pas, en intercédant, renoncer au Sénatus-consulte Velléien.

X. — Le Sénatus-consulte Velléien ne permet pas que la femme soit obligée, même naturellement.

XI. — Il n'y a pas *restitutio in integrum* proprement

dite dans l'action restitutoire accordée au créancier par le préteur.

XII. — Le créancier n'a pas besoin d'action restitutoire contre les tiers détenteurs des objets hypothéqués par l'ancien débiteur, parce que l'ancienne action hypothécaire n'a pas cessé de subsister.

XIII. — Les derniers mots de la loi 24 § 3 *ad Sena.-cons. Vell.*, peuvent s'entendre sans une correction du texte de la loi.

XIV. — La formalité d'un acte public introduite par Justinien est nécessaire, même dans les cas exceptionnels où la femme aurait pu valablement intercéder.

XV. — L'authentique *si qua mulier* ne s'applique pas aux actes qui ne sont considérés comme des intercessions que s'il y a mauvaise foi du créancier.

XVI. — La prohibition d'hypothéquer le fonds dotal ne vient pas de la loi *Julia*.

DROIT FRANÇAIS

I. — L'incapacité de la femme mariée repose sur la nécessité d'une administration unique dans l'intérêt de la famille.

II. — L'autorisation accordée à la femme pour plaider en première instance n'emporte pas celle d'interjeter appel, ni de suivre sur l'appel en qualité d'intimée. Une nouvelle autorisation lui est également nécessaire pour se pourvoir en cassation.

III. — La femme autorisée à plaider a besoin d'une autorisation nouvelle pour accepter le serment décisoire.

IV. — La femme ne peut sans autorisation demander la nullité de son mariage.

V. — L'autorisation n'est pas nécessaire à la femme poursuivie devant un Tribunal répressif par la partie civile seulement.

VI. — La femme mariée est frappée d'une incapacité de s'obliger distincte de l'incapacité d'aliéner.

VII. — La femme séparée de biens peut sans autorisation acquérir même des immeubles, pourvu que cette acquisition constitue de sa part un acte d'administration.

VIII. — Mais elle ne peut, sans autorisation s'obliger jusqu'à concurrence seulement de son mobilier, pour une cause étrangère à l'administration de ses biens.

IX. — L'obligation contractée par la femme séparée dans la limite des biens de son administration est exécutoire sur ses immeubles comme sur ses meubles.

X. — Les actes de la femme commerçante ne sont pas présumés avoir été faits dans l'intérêt de son commerce.

XI. — Les Tribunaux ne peuvent pas autoriser la femme mariée à faire le commerce, sauf le cas où le mari est dans l'impossibilité matérielle ou légale de donner son consentement.

XII. — Les Tribunaux peuvent également autoriser la femme à aliéner ses immeubles dotaux pour l'établissement de ses enfants communs, quand le défaut d'autorisation n'a d'autre cause que l'impossibilité où se trouve le mari de la donner.

XIII. — L'autorisation de justice est nécessaire à la femme dont le mari est pourvu d'un conseil judiciaire, pour les actes qui nécessitent l'assistance du curateur.

XIV. — Les contrats sont permis entre époux.

XV. — L'autorisation du mari suffit pour habiliter la femme soit à s'obliger envers un tiers dans l'intérêt de son mari, soit à contracter directement avec lui.

XVI. — L'autorisation du mari peut être verbale, mais elle ne supporte pas la preuve testimoniale.

XVII. — L'autorisation tacite peut s'induire d'autres circonstances que du concours du mari dans l'acte.

XVIII. — L'art. 861 du Code de procédure modifie l'art. 219 du Code civil et trace des règles de procédure générale applicables à l'obtention de l'autorisation judiciaire soit pour contracter, soit pour ester en justice.

XIX. — L'autorisation accordée à la femme pour faire le commerce doit spécialiser la nature du commerce.

XX. — La femme ne peut donner même à son mari un mandat général d'aliéner ses immeubles.

XXI. — L'autorisation du mari doit être antérieure ou concomittante à l'acte autorisé. L'autorisation postérieure ne vaut que comme ratification et ne couvre la nullité qu'à l'égard du mari et de ses héritiers.

XXII. — Le tiers peut se refuser d'exécuter son obligation, tant que la femme n'a pas ratifié avec l'autorisation de son mari ou ne lui a pas donné des garanties suffisantes contre l'exercice de son action en nullité.

XXIII. — L'action en nullité qui appartient au mari et à la femme peut être exercée par leurs créanciers.

XXIV. — Le donateur n'a point qualité pour se prévaloir de la nullité de la donation entre vifs acceptée par la femme non autorisée.

XXV. — La femme conserve le droit d'opposer la nullité par voie d'exception, après que la prescription lui a enlevé celui de la demander par voie d'action.

XXVI. — Le délai de prescription de l'action en nullité du mari court du jour où il a eu connaissance de l'acte, et non du jour de la dissolution.

PROCÉDURE

I. — L'autorisation nécessaire à la femme mariée pour interjeter appel ou pour se pourvoir en cassation doit être donnée par le Tribunal du domicile du mari.

II. — Ce n'est pas en chambre du Conseil, mais en audience publique que doit être prononcé le jugement qui autorise la femme au refus du mari.

DROIT CRIMINEL

I. — La dégradation civique n'enlève pas au mari le droit d'autoriser sa femme.

II. — Si deux prévenus d'un même délit sont justiciables, l'un d'un Tribunal ordinaire, l'autre d'un Tribunal d'exception, c'est au Tribunal ordinaire qu'il appartient de statuer, alors même que les prévenus sont passibles de peines de nature différente.

III. — La plainte en adultère intentée contre la femme du vivant du mari, tombe par le seul fait de son décès avant que la condamnation n'ait été prononcée.

DROIT DES GENS

I. — Les hommes, et notamment les passagers, ne doivent pas être considérés comme contrebande de guerre.

II. — Les neutres ne peuvent pas laisser construire dans leurs ports des vaisseaux de guerre destinés à l'une des deux nations belligérantes.

HISTOIRE DU DROIT

I. — Le Sénatus-consulte Velléien a été abrogé dans les parties de la France où il était applicable, non par l'art. 217 du Code civil décrété le 25 ventôse an **XI**, mais par l'art. 1123, décrété le 17 pluviose an **XII**.

II. — Dans l'ancien droit français, le Sénatus-consulte Velléien était un statut personnel.

III. — L'origine de la communauté est germanique.

IV. — La légitime des pays de Coutumes n'était pas

d'origine coutumière, elle avait été empruntée au droit Romain.

Vu par le Président de la thèse :

E. GARSONNET.

Vu par le Doyen :

Ch. BEUDANT.

Vu et permis d'imprimer,
Le Vice-Recteur de l'Académie de Paris :

GRÉARD.

www.ingramcontent.com/pod-product-compliance
Lightning Source LLC
Chambersburg PA
CBHW070517200326
41519CB00013B/2826